Tirso de Molina

La elección
por la virtud

Barcelona **2024**
Linkgua-ediciones.com

Créditos

Título original: La elección por virtud.

© 2024, Red ediciones S.L.

e-mail: info@Linkgua-ediciones.com

Diseño de cubierta: Michel Mallard.

ISBN tapa dura: 978-84-1126-295-8.
ISBN rústica: 978-84-9816-038-3.
ISBN ebook: 978-84-9953-781-8.

Sumario

Brevísima presentación

La vida

Tirso de Molina (Madrid, 1583-Almazán, Soria, 1648). España.
Se dice que era hijo bastardo del duque de Osuna, pero otros lo niegan. Se sabe poco de su vida hasta su ingreso como novicio en la Orden mercedaria, en 1600, y su profesión al año siguiente en Guadalajara. Parece que había escrito comedias y por entonces viajó por Galicia y Portugal. En 1614 sufrió su primer destierro de la corte por sus sátiras contra la nobleza. Dos años más tarde fue enviado a la Hispaniola (actual República Dominicana) y regresó en 1618. Su vocación artística y su actitud contraria a los cenáculos culteranos no facilitó sus relaciones con las autoridades. En 1625, el Concejo de Castilla lo amonestó por escribir comedias y le prohibió volver a hacerlo bajo amenaza de excomunión. Desde entonces solo escribió tres nuevas piezas y consagró el resto de su vida a las tareas de la orden.

Sixto V

La elección por la virtud relata la vida del papa Sixto V. La trama se apoya en un conflicto amoroso protagonizado por las hermanas de Sixto junto a otros dos personajes, y muestra los entresijos de la vida monástica. (Fue escrita en la época en que Tirso recibió duras críticas de la Iglesia.)
Sixto V, nació en una familia humilde, entró en la orden franciscana a los catorce años, estuvo en el Concilio de Trento como asesor inquisitorial, fue general de los Franciscanos, arzobispo de Fermo, cardenal a los cincuenta años, y alcanzó el papado en 1585.
Desde el vaticano reformó el clero y puso orden en los conflictos en los Estados Pontificios apostando por una política severa y pragmática.

Personajes

Abostra
Alejandro
Ascanio
Camila
Césaro
Colona
Crenudo
Chamoso, pastor
Decio, criado
Dos frailes franciscanos
El embajador de España
El Papa, San Pío V
El príncipe Fabriano
Enrique
Fabio, criado
Fabricio
Juliano
Julio, criado
Marcelo
Marco Antonio
Músicos
Otros pastores
Pereto, viejo
Pompeyo
Ricardo
Rodolfo, caballero
Rodulfo
Roma
Sabina
Sixto
Unos estudiantes

Jornada primera

(Sale Sixto de labrador pobremente vestido; saca a su padre muy viejo, vestido de labrador, con un gabán viejo, y sácale casi en brazos, con báculo grosero. Llámase Pereto, el viejo.)

Sixto
        Ya es, padre, hora de almorzar.
        Aquí hace buen Sol. Sabina,
        saca un banco en que sentar
        nuestro padre.

Pereto
                ¡Peregrina
        virtud! ¡Piedad singular!
           Hijo, aunque viejo y cansado,
        no tanto que si arrimado
        a un palo los pies provoco,
        no pueda andar poco a poco.
        Soy ya viejo, estoy pesado;
           ya de mis carnes molestas
        la carga grave contemplo.
        Suelta, si ya no me aprestas
        de la cigueña el ejemplo,
        que lleva a su padre a cuestas;
           no te canse, por tu vida,
        pues, la cosa más querida
        de mi vejez...

Sixto
              Quien os lleva,
        padre, en el alma que aprueba
        esta obligación debida
           a quien el ser que me anima
        me dio, que sois, padre, vos,
        es razón que os lleve encima;
        que el padre, después de Dios,

la joya es demás estima.
   Y si el padre es el segundo
después de Dios en el mundo,
no es bien que os parezca nuevo
si en el hombro, padre, os llevo;
que en buena razón me fundo,
   aunque os espanto y asombro;
pues, según naturaleza,
he de llevar cuando os nombro,
padre, a Dios en la cabeza,
y luego al padre en el hombro,
   que es el segundo lugar
donde se puede asentar
la piedad en que me fundo,
pues sois, en fin, el segundo
que he de obedecer y amar.

Pereto   Ya sé que has de vencer,
hijo, en razones; mas eso
conmigo no ha de valer,
que no es para tanto peso
tu cuello, ni ha de traer
   cosa que le canse.

Sixto   ¿Cómo?
Eso por agravio tomo.
¿Causa al noble cuello pena
el oro que en la cadena
tiene por liviano el plomo?
   ¿Cansa el honroso blasón
con que el ilustre alemán
adorna con el tusón
el pecho, cuando le dan
las insignias al sajón?

10

¿No honra el francés decoro
con el San Miguel de oro?
¿Qué? ¿Con la cruz de San Juan
al español no le dan,
con la encomienda un tesoro?
 Y quedando satisfechos,
ganan honras y provechos,
sin que el peso les oprima,
y llevan cruces encima
de los cuellos y los pechos.
 Pues si en sus mayores fiestas
son sus insignias aquéstas,
¿parecieran mejor ellos
con sus cruces a los cuellos
que yo con mi padre a cuestas?

Pereto   Como en mi casa pajiza
descubierta a la inclemencia
del cielo, cuando graniza,
su soberana influencia
el invierno fertiliza,
 con que, entre el tosco sayal,
eres vela al natural,
que en la linterna encubierta
a su luz abre la puerta
por viriles de cristal,
 mil cosas me pronosticas.
Quieran los cielos que cobres,
hijo, lo que signiflcas,
y que estas montañas pobres
tu dicha las vuelva ricas.
 Mas sí harán, que ya han mirado
el amor que me has cobrado;
y honra siempre su clemencia

la paternal obediencia.

(Sacan Camila Y Sabina, de labradoras, una mesilla con manteles, jarro y vaso y pan y un torrezno, y un banco y una silla de costillas.)

Sabina

Ea, padre, ya está asado
   un torrezno de pernil,
verdugo del hambre vil,
para que la vuesa impida.

Pereto

¡Ay, mi sobrina querida!
Mi vejez ve en ti su abril.

Camila

   Entre esas dos rebanadas
viene que alienta su olor.

Sabina

Comedlas, que están pringadas,
porque desde el asador
en las diversas jornadas
   que al plato la lonja hacía,
que las cumpliesen decía
las lágrimas que lloraba
y cada vez que llegaba,
y enjugárselas quería,
   como en toalla de lino
descansaban sus enojos,
y lloraban, imagino,
los dos, dando el pan los ojos,
las lágrimas el tocino.

Pereto

   ¡Qué gracia! Camila amada,
parte.

Sabina

     Comé si os agrada,

aunque está salado a fe.

Pereto   Por muy salado que esté,
hija, estáis vos más salada.
   Félix, siéntate aquí.
Ea, ¿no os sentáis las dos?

(De rodillas.)

Sixto   Padre, ya sabéis de mí
que siempre que coméis vos,
gusto yo de estar así.

Pereto   Ahora quiero que me des
este gusto.

Sixto   Si lo es
vuestro, alto, enhorabuena.

(Siéntanse todos.)

Pereto   Almorzad, que hasta la cena
no habéis de comer los tres.

Camila   ¿Qué os dice, padre, la lonja?

Pereto   Que si mirara de espacio
la ambición y la lisonja
del adulador palacio
que al rico sirve de esponja,
   el que es de tu gusto esclavo
estimara más que el pavo,
el francolín y el faisán,
pobre mesa y negro pan,

añejo jamón, y al cabo
   dos cascos de una cebolla,
que en la labradora mesa
siempre que anda el hambre en folla
son, en vez de la camuesa,
mondadientes de la olla.
   Porque aquí, todos sentados,
no hay menos ni más honrados.
Todos comemos al fin,
sin que nos esté el ruín
contándonos los bocados,
   como en el palacio están.

Camila   Echáos esta vez de vino,
que cuidados, pena os dan.

Pereto   Sí, que sin él, el tocino
es cura sin sacristán.

(A Sixto.)   ¿E iréis hoy a Fermo?

Sixto   Suelo
        ir.

Pereto   Ya que es tarde recelo.

Sabina   Dad gracias, padre.

Pereto   ¡Pues no!
Quien aquí nos sustentó
nos bendiga allá en el cielo.

Todos   Amén.

(Álzanse la mesa y levántanse.)

Pereto	¿Quién ha de ir contigo?
Sixto	Siempre va Sabina.

(Vase Sixto.)

Pereto	Vaya;
(A Camila.)	que tú quedarás conmigo.

Sabina	Sí, siempre ha de ser la maya, Camila.

Camila   También lo digo;
mas yo sé que no te pesa,
en levantando la mesa,
de ir allá cada mañana;
porque con cuerpos de grana
y patena rabitiesa
te vean los escolares.
¿Pará qué muestras pesares?

Sabina   Hago bien, ¿qué quieres tú?

Pereto   ¿Y qué llevas?

Sabina   Alajú,
turrón de almendro; dos pares
de cantarillas de arrope,
transparente como el ascua,
donde el hombre el pan ensope;
castañas, fruta de Pascua,
que cuando el hambre las tope
de la gente escolaniega,

yo apostaré que se pega
a comprarlas como moscas
y aun miel, nueces y roscas
llevamos; y apenas llega
   al mercado la borrica,
cuando como tordos vienen
escolares, a quien pica
el hambre, que se entretienen,
como alguna es gente rica,
   en comprarme en un instante
cuanto les pongo delante,
y nos dan aquestos riscos.
Ello más de dos pelliscos
me paso; aunque un estudiante
   harto garrido me aguarda,
que, mientras vende la leña
mi hermano, que a veces tarda,
me defiende y aun me enseña
voluntad.

Pereto   De ellos te guarda;
   que es mala gente.

Sabina   ¡Si soy
muy boba yo cuando voy!
Si llega al brazo desnudo,
con el palo le saludo
y le digo: «¿Haste de ir hoy?».
   Tienme miedo.

(Sale Sixto.)

Sixto   Aparejadas
están las jumentas; ea,

vamos.

Camila   ¿Están ya cargadas?

Sixto   Sí, hermana.

Camila   Cosa que sea
que las calzas coloradas
  se os olviden, como ayer,
y no las traigáis.

Sixto   Por ver
la gracia con que te enojas
no las traje.

Camila   Excusas frojas
son ésas; no han de valer.

Sixto   Ea, las alforjas pon.
Echadme la bendición
como soléis, padre mío.

Pereto   ¡Ay, hijo! del cielo fío
que ha de darte el galardón
  que tu obediencia merece
                 [-ece].
La bendición que a Esaú
Jacob hurtó, y pides tú,
mi amor, Félix, te la ofrece.
  Ruego al cielo que, pues él
mudó el nombre en Israel,
lo mudes tú, aunque es locura,
en papa.

(Bendícele y levántanse.)

Sabina   Barbero o cura
tomara yo que fuera él.

Sixto   Ea, vamos.

(Aparte a Sixto.)

Camila   ¡Buena cholla
tiene el viejo, cuando escapa
del torrezno o de la olla!

Sixto   Pues, ¿qué? ¿No puedo ser papa?

Sabina   ¿Quién, tú?

Sixto   Yo.

Sabina   ¡Papateolla!

(A su padre.)

Sixto   Al Sol os dejo. La mano
me dad, y adiós.

(Besa la mano.)

Pereto   Él te guarde.
Mira que vuelvas temprano.

Sixto   No hay volver hasta la tarde.

Camila   Las calzas de grana, hermano.

(Vanse Sixto y Sabina.)

Pereto	Hija, mi bien pronostico,
	pues que de Félix espero
	las venturas que publico.

Camila	Disputa con el barbero.
	Es dimuño. Cuando chico
	llevaba el calendario
	al cura, y el incensario,
	y él mismo le dijo un día
	que si estudiaba sería
	sacristán y boticario.

(Sale Chamoso, pastor.)

Chamoso	Pereto, Dios os mantenga.

Pereto	¡Oh, Chamoso! ¿Por acá?

Chamoso	¿Dó está Félix? Porque venga
	conmigo; quizá será
	rey, que no hay quien convenga
	los zagales de Montalto.

Pereto	¿Cómo?

Chamoso	Todos pican alto
	quitando y poniendo leyes.
	Como es la Pascua de Reyes,
	cada cual, de seso falto,
	quiere esta Navidad ser
	rey.

Pereto	Ya sé la costumbre que aquí se suele tener cada año.
Chamoso	Esta pesadumbre no la puede deshacer, sino vuestro hijo, Pereto, que es muy meolludo y discreto.
Pereto	A Fermo a venderme va leña; mas vamos, que allá apaciguarlos prometo.
Camila	¿Dó vais, padre? Dejaos de eso.
Pereto	Camila, mi amor travieso hace moza mi vejez, y si veo rey esta vez a Félix, saldré de seso.

(Vanse todos. Salen Césaro, de estudiante, y Decio, su criado de galán.)

Decio	¿Solo un mes de ausencia puede hacerte que a Laura olvides?
Césaro	¿Al viento firmeza pides?
Decio	¿Viento, amor?
Césaro	Sí, y aun le excede.
Decio	Diversas definiciones he visto suyas, señor.

Unos le llaman furor,
y a sus efectos, pasiones;
  otros dicen que es locura
o accidente que maltrata;
otros calidad innata
que al hombre inclinar procura
  que ame de cierta edad
a quien tiene inclinación;
quien tal llama imperfección,
quien locura y liviandad.
  El médico dice que es
cierto humor o destemplanza
de la sangre; semejanza,
el filósofo; interés,
  la dama, y el desvarío
del astrólogo adivina
que es fuerza de astros que inclina
a amar al libre albedrío.
  Fuego le llamaron ciento,
pues que abrasa al que enamora,
y agua le llama el que ignora
mas nadie le llama viento.

Césaro   Pues nadie, Decio, le da
el nombre que le conviene.
Quien amor tiene, no tiene
sino viento.

Decio   Bien está.

Césaro   Y así aguarda; quien ama
y al yugo de amor suspira,
¿no es porque primero mira
la belleza de su dama?

Decio	Es verdad. De lo exterior
	comienza amor su conquista.
	¿Qué infieres?
Césaro	Verás tu error.
	En fin, que cualquier amor
	tiene principia en la vista,
	y el obieto que se ve
	es lo amado.
Decio	Ve al efeto.
Césaro	Sí haré. Si la dama es el objeto,
	para que en la vista esté
	de quien la ha de amar, no envía
	sujeto bastante copia,
	sujeto sí, que ella propia
	mal en los ojos cabría.
	Fuera de que es circunstancia,
	como muestra la experiencia,
	que entre el objeto y potencia
	haya debida distancia.
Decio	Vengamos al fundamento.
	Las especies que a los ojos
	representan los despojos
	de la dama ¿no son viento?
	Sí, que para verte a ti,
	desde el lugar donde estás,
	especies al viento das
	las cuales llegan a mí
	y me enseñan tu retrato.

Decio	Todo lo concedo.
Césaro	Pues, claro está que lo que ves es el viento, mentecato. Luego si ama el pensamiento la hermosura que miré, y ésta solo viento fue, el amor no es más que viento.
Decio	Bien tu opinión has probado. Conforme a aqueso, señor, nadie tendrá más amor que un cuero cuando está hinchado, porque es todo viento.
Césaro	Quiero dejarte para importuno.
Decio	Ahora sé que es todo uno viento, amor, amante y cuero. ¡Pobre de Laura, que en vano llora, Césaro, por ti!

Césaro	Decio, desde que salí
	de nuestra patria, Fabriano,
	    y vine a Fermo a estudiar,
	de Laura olvidé el amor.
	¿Débole más que el favor
	que una dama suele dar
	    a quien comienza a servilla;
	una ventana, un semblante
	risueño, una mano, un guante,
	y cuando mucho, una silla

en su casa?

Decio
¡Aqueso es bueno!
¿Pues amor que había llegado,
señor, a verse ensillado
sabe tan poco de freno?
Es imposible.

Césaro
Yo sé
que el príncipe de Fabriano,
mi padre, y Julio, mi hermano,
tienen de holgarse en que esté
tan libre que a Laura olvide,
porque lo llevaban mal.

Decio
Laura es mujer principal.

Césaro
Más prendas mi sangre pide,
que, aunque soy hijo menor,
en Italia ni en Sicilia
no hay más ilustre familia
que la Ursina.

Decio
Es la mejor;
mas no mirabas en eso
habrá un mes cuando adorabas
a Laura y palabra dabas
de ser su esposo.

Césaro
El exceso
de amor disparates fragua
como esos. ¿Qué no dirá
Decio, el que hidrópico está
por echarse un golpe de agua?

De Laura no hay calentura,
y ya la sed acabó.

Decio   La causa bien la sé yo.

Césaro   Dirás alguna locura.

Decio   Diré que la villaneja
que cada día al mercado
viene, ese clavo ha sacado.

Césaro   Necio, disparates deja.

Decio   Niégamelo, por tu vida,
que estoy yo ciego, señor.
Yo sé que en tu pecho, amor,
juega a «salga la parida»,
     y que a Laura ha rempujado.

Césaro   ¿Por qué?

Decio   Porque te desvelas
mucho, Y más que las escuelas
cursas la plaza y mercado
     de Fermo. Si las más veces
vienes, y en viéndola aquí
sin más criados que a mí,
con ser quien eres, te ofreces
     hablar con ella, de modo
que das nota a quien te ve;
y si quieres que te dé
razón que lo diga todo,
     ¿por qué me mandas comprar
cuanto aquí trae a vender?

¿Para qué puedes querer
lino tú, pues no has de hilar?
  ¿No me hiciste el otro día
que me ensuciase la ropa
con una carga de estopa
  que trujo?

Césaro   Harás que me ría.

Decio   ¿De qué sirven tus cautelas?
¿Qué puede significar
hacerme así ayer comprar
una espuerta de pajuelas
  que trujo? Dos aposentos
tengo llenos de despojos,
semejantes, de manojos
de cebollas, de pimientos,
  de tomillo, de romero,
de espliego...

Césaro   No digas más.

Decio   ¿Tú espliego?, ¡Y me negarás
que es amor! O ¿eres barbero?

Césaro   Decio, la mayor venganza
que Laura tendrá de mí,
es que una villana así
me obligue a hacer tal mudanza.
  Conflésote que la adoro.

Decio   Fáciles muros contrastas.

Césaro   Ni perlas en conchas bastas,

ni en sayal guarnición de oro,
　ni el Sol que por la mañana
por nubes tienda el cabello,
sale más bizarro y bello
que la graciosa villana
　entre el grosero vestido,
donde la naturaleza,
sin el arte, a su belleza
su poder todo ha rendido.
　Si vieres la sal que tiene
cuando habla, aunque el lenguaje
corresponde con el traje;
si el donaire con que viene
　a vender vieras despacio,
yo sé que me disculparas
y su aldea ventajaras
a la corte y el palacio.
　Ocho días ha que salgo
a verla, y después de vella
quedo más muerto por ella.

Decio　　　　　Pues di, ¿hasla dicho algo?

Césaro　　　　　　Sí, mas diéronla los riscos
su aspereza.

Decio　　　　　　　　　Todas son
gatos en camaranchón.
¡Do al diablo gatos ariscos!

Césaro　　　　　No tanto que no me avisa
tal vez con los ojos bellos
que espere mi amor en ellos
lo que me ofrece su risa.

Y aunque con lengua grosera,
responde de cuando en cuando,
risueño el semblante y blando,
y en el mercado me espera,
    porque mis deseos entiende.

Decio

Mas porque ve el interés
que saca de ti después,
que a precio de oro te vende
    sus rústicas mercancías.

Césaro

Antes juzgas como necio;
porque solo el justo precio
toma, sin que mis porfías
    la hayan podido obligar
a que un anillo reciba.

Decio

Una condición esquiva
así suele comenzar.
    Ella se ablandará cuando
al interés no resista,
que no hay mejor tomista
que la que empieza en «Durando».
    Pero, ¿aguárdasla hoy?

Césaro

                                    Ahora
vamos, que ya habrá venido.

Decio

¡Pobre Laura! ¡Que ha podido
una grosera pastora
    quitarte la posesión,
que el sayal quieres que tome!
Mas ¿qué mucho? Si hay quien come
vaca mejor que un capón.

(Vanse Césaro y Decio. Salen Sabina, con alforjas, y Sixto.)

Sabina
　　　　　　　　Estas paredes son, hermano, el sitio
　　　　　　　　donde sueles vestirte. Los jumentos
　　　　　　　　dejo paciendo en unas verdes mielgas.
　　　　　　　　Cerca estamos de Fermo; ¿has de mudarte
　　　　　　　　de escolar, como sueles?

Sixto
　　　　　　　　　　　　　　　　　　¿Pues no, hermana?

Sabina
　　　　　　　　Saco, pues, el manteo y la sotana.

Sixto
　　　　　　　　El cielo mis intentos favorece.
　　　　　　　　Cuatro años ha que estudio; y que tu vendes
　　　　　　　　las rústicas alhajas que te compran,
　　　　　　　　mientras estudio yo. La causa de esto,
　　　　　　　　aunque no te la he dicho hasta este punto,
　　　　　　　　es ésta; que a tu amor será mal hecho
　　　　　　　　no revelarte cuanto esconde el pecho.

(Saca de las alforjas todo el vestido de estudiante y un vademeco, y vase vistiendo.)

　　　　　　　　Un día que, como otros, en la plaza
　　　　　　　　de esta universidad vendía contigo
　　　　　　　　los miserables frutos que la sierra
　　　　　　　　a quien cultiva su aspereza ofrece,
　　　　　　　　se llegó un estudiante, que con otros
　　　　　　　　entre una carga de cabritos tiernos
　　　　　　　　estaban escogiendo los más gordos;
　　　　　　　　y reparando, con notables veras,
　　　　　　　　en las facciones de mi rostro un rato,
　　　　　　　　y advirtiéndome ser el que regía

la cátedra sútil de Matemática,
me pidió que le diese larga cuenta
de mi edad, patria y nombre,
en qué mes y en qué día salí al mundo,
porque miraba en mi fisonomía
pronósticos notables de ventura,
correspondiendo con su pensamiento
la dicha de mi humilde nacimiento.
Reíme, imaginando que eran tretas
de estudiantes fisgones, y dejéle;
pero de suerte a persuadirme vino
a que hablaba de veras, que obligado
a escucharle por ver en su persona
partes dignas de darle honrado crédito,
lo mejor que yo supe satisfice
a sus preguntas, advirtiendo que era
de humildes padres, y mi pobre patria
las grutas toscas de Castel Montalto;
que un miércoles nací, que era a catorce
de diciembre, según solía mi madre,
que Dios haya, decirme, y ser el año
en que al mundo salí mil y quinientos
y veinte y uno; Félix solamente
en el nombre de pila, e infelice
en todo lo demás; pues no hay ventura
adonde siempre la pobreza dura.
Quedó suspenso, y arqueando
después las cejas, dando un grande grito:
«Félix —dijo—, las obras corresponden
con el nombre, de modo que tu dicha
tres coronas ofrece a tu cabeza;
si tomas una, con que serán cuatro.
En una religión estudia y deja
el rústico ejercicio, que las letras

prometen ensalzar tu nombre y fama.
En estrella naciste venturosa.
Ten cuenta con el miércoles, que es día
en que has de ser dichoso, sin que tengas
felicidad que en él no te suceda.
Tu ingenio fertiliza el cielo pio;
sigue las letras y el consejo mío.»
Fuese. ¡Qué de suspenso volví a casa!
Y, cavando en aqueste pensamiento,
dispúseme, a pesar de la pobreza,
estribo vil de inclinaciones nobles,
a seguir del astrólogo el consejo.
Volví a buscarle, y hallé que era ya muerto;
pero no desmayé por eso un punto;
antes vendiendo mis humildes ropas
a los serranos de mi pobre sierra
y llegando también algún dinero
de lo que iba vendiendo cada día,
compré secretamente a un estudiante
este vestido, y de tu amor fiado,
ha ya cuatro años, con ayuda tuya,
cual ves, que en estudiante me transformo.
Bien es verdad que en nuestro pueblo el cura
a leer y escribir me enseñó un tiempo
y un poco de gramática, y con ella
aprovecho de modo en los estudios
que todos me celebran y respetan;
mas no porque ninguno hasta este punto
sepa quien soy; adonde vivo; adonde
me escondo, cuando salgo de sus cursos;
porque como me esperas aquí, y luego
me vuelvo a mis groseras antiparas,
de modo los deslumbro y causo espanto
que hay quien piensa que es todo por encanto.

                    Éste, Sabina mía, es el suceso
                    de mi historia.

Sabina   Y a fe que es agradable.

(Mete el vestido de labrador en las alforjas.)

Sixto   Yo espero en Dios que presto he de pagarte
                    lo mucho que te debo.

Sabina   Estudia, hermano;
                    que no será pequeña tu ventura
                    si fueres sacristán del pueblo o cura.

Sixto   Dame esos brazos, mi Sabina cara.

Sabina   ¡Qué bien te está el vestido! Ser mereces
                    calóndrigo, y pardiez que lo pareces.

Sixto   Ves a vender la leña.

Sabina   No repares
                    en eso. Adiós, que vienen escolares.

(Vase Sabina.)

Sixto   Si Cleantes de noche agua sacaba
                    para vender, por estudiar de día,
                    y en la atahona donde el pan molía
                    nombre a sus letras y virtudes daba;
                        si Plauto, por ser sabio mendigaba,
                    y a un pastelero mísero servía;
                    si Euménides en huesos escribía
                    a falta de papel que no alcanzaba,

si ha habido quien en el imperio altivo
por el cetro trocando el aguijada
a célebres historias dio motivo;
	si a Pedro pescador Roma agradaba,
no será mucho, aunque pobre vivo,
por letras venga a ser...

Voz (Dentro.)   O papa, o nada

Sixto   Precedióme a la razón
una voz cuyo sentido
me ha dejado suspendido;
y si pronósticos son
	señal de algún bien futuro
muchas veces para un hombre,
y siendo Félix mi nombre,
serlo en las obras procuro,
	ya he visto pronosticada
mi felicidad aquí.
El cielo dijo por mí
que he de ser o papa o nada.

(Salen Marco Antonio y Pompeyo, de camino.)

Marco (Dentro.)   O papa o nada pretenda
ser el cardenal Colona,
pues tan digna es su persona
de la tiara.

Pompeyo   No entienda
	Roma que de su elección
poca gloria ha de tener;
mas temo que le ha de hacer
notable contradicción,

entre otros, el cardenal
Carrafa.

Marco

El senado grave
del conclave, primo, sabe
que no hay sujeto papal
más digno de la elección
que mi tío.

Pompeyo

Quiera el cielo
asegurarme el recelo
con que estoy.

Sixto (Aparte.)

(Estos dos son
Colonas. La vicaría
de Cristo debe estar vaca.)

Marco

Si el cónclave no le saca
ahora en vano porfía
mi tío.

Sixto

Informarme quiero
de lo que es.

(Sale Fabio, criado de Pompeyo.)

Fabio

Ya están aquí
los pastores.

Pompeyo

Primo, vení.

(Vanse los dos Pompeyo y Marco Antonio.)

Sixto

¿Qué es esto?

Fabio	Paulo Tercero es muerto.
Sixto	¡Válgame Dios!
Fabio	Es el cardenal Colona. pretendiente.
Sixto	Su persona lo merece.
Fabio	Son los dos sobrinos y a Roma van para ver de este suceso el fin.
Sixto	Las manos os beso.

(Vase Fabio.)

Sixto   Nuevos alientos me dan
       mis deseos. A buen punto
mis palabras atajaron
cuando me pronosticaron
el bien que he de gozar junto.
       El astrólogo me dijo
que si en religión entraba,
tres coronas me guardaba
mi dicha. El hábito elijo
       en San Francisco, después
que de doctor graduado
pueda tomar otro estado,
que éste mi deseo es.

La ciencia es mi enamorada,
por letras he de valer.
¡Alto! a escuelas, que he de ser,
aunque pobre, papa o nada.

(Vase Sixto. Salen Sabina con un jumento cargado de leña y fruta, y un palo en la mano, y Césaro, estudiante galán.)

Sabina

¡Jo, parda! Verá el dimuño
cual va. ¡Jó, burra! ¡Qué aguda!
Porque el hijo deja en casa
quiere volverse. ¡Jo, burra!

Césaro

Serrana bella, escuchadme,
hablad siquiera.

Sabina

So muda.

Césaro

¿Muda o mudable?

Sabina

Eso no.

Césaro

¿Pues nunca os mudaréis?

Sabina

Nunca.

Césaro

¿Luego nunca imagináis
quererme?

Sabina

Quiérale Judas.

Césaro

¡Ay, quién os diera un abrazo
aquí!

Sabina	¡Arre, que se burla!
Césaro	Escuchad, serrana bella.
Sabina	Juegue limpio, que soy dura,
	y tenga quedas las manos
	que sé poquito de burlas.

(Dale con el palo.)

Césaro	Todo esto es amor.
Sabina	Amor
	quiere que se le sacuda.
	Llegue, que el amor y el polvo
	dicen que a palos se curan.
Césaro	No sé qué tengo en este ojo,
	¿queréis soplármele?
Sabina	Acuda
	a los fuelles del herrero.
Césaro	Soplad.
Sabina	¡Arre, que se burla!
Césaro	¡Qué sal!
Sabina	¡Oh! soy muy salada.
Césaro	Mi tormento os lo asegura,
	porque me matáis de sed.

Sabina	Habrá comido aceitunas.
Césaro	Oíd.
Sabina	Señor escolar, vaya con Dios, que son muchas tantas burlas y chufetas; y en mi vida comí chufas. Déme el dinero si quiere de mi leña y de mi fruta, que anochece y vivo lejos, y tiene la bolsa dura.
Césaro	Siempre dilato el pagaros, porque teme mi ventura que os vais luego y me dejáis, serrana del alma, a oscuras.
Sabina	¿Pues soy yo candil?
Césaro	Sois Sol que mis tinieblas alumbra.
Sabina	¿No ve las uñas que tengo? ¿Por qué quiere Sol con uñas?
Césaro	Porque me aso como el fénix en él.
Sabina	¿Que se asa?
Césaro	Sin duda.
Sabina	Pues aun no está bien asado

su mercé.

Césaro   ¿Por qué?

Sabina   Aun no suda.

Césaro   ¡Pluguiera a Dios que sudara;
                    y fuera señal segura
                    que de la fiebre de amor
                    declinaba ya la furia!

Sabina   ¿Luego está calenturiento?

Césaro   De mi amor las llamas puras
                    me abrasan; tened el pulso,
                    poned mi tormento en cura.

Sabina   ¡Mas arre!

Césaro   Acabad, tomadle;
                    ¡ea!

Sabina   Désele a mi burra,
                    que nació cas del albéitar
                    y sabe de calenturas.

Césaro   Yo sé que habéis de quererme.

Sabina   Poco sabe si no estudia
                    más.

Césaro   Llegad, dadme una mano;
                    ¿queréis?

Sabina	¡Arre, que se burla!
Césaro	¿Saben en vuestro lugar lo que es amor?
Sabina	¡Ya pescuda! ¿pues no lo habían de saber? Desde el porcarizo del cura, ellos deben de pensar que no rompe caperuzas amor, si brocado y seda nada escupe.
Césaro	Pues, escucha. ¿Qué es amor?
Sabina	Debe de seer erizo que pica y punza el alma, o mango de sastre cargado de sus agujas.
Césaro	¿Has amado?
Sabina	Tanto cuanto.
Césaro	¿Gustas de amar?
Sabina	¿Quién no gusta?
Césaro	¿Quítate el sueño?
Sabina	No, duermo.
Césaro	¿Pues cáusate pena?

Sabina	Alguna.
Césaro	¿Ha mucho le quieres?
Sabina	No.
Césaro	Pues dilo.
Sabina	Es desenvoltura.
Césaro	¿No es tu igual?
Sabina	Es mucho más.
Césaro	¿Será tu esposo?
Sabina	Estó en duda.
Césaro	¿Ámate?
Sabina	Dice él que sí.
Césaro	Pues basta.
Sabina	No estoy segura.
Césaro	Dime quién es.
Sabina	¿Para qué?
Césaro	Mataréle.
Sabina	¿Por qué injuria?

Césaro	Porque te ama.
Sabina	¡Arre que se burla!
Césaro	¡Ay de mí!
Sabina	¿Siéntelo?
Césaro	Mucho.
Sabina	¿Tanto me quiere?
Césaro	Es locura.
Sabina	Pues, júrelo.
Césaro	¡Por tus ojos!
Sabina	¿No más?
Césaro	Y por tu hermosura.
Sabina	¿Es muy noble?
Césaro	Soy Ursino.
Sabina	Y yo villana.
Césaro	¿Amor no ajusta desiguales muchas veces?
Sabina	Cuando su llama asegura.

Césaro	Luego iguales los dos somos.
Sabina	No hay amor en parte alguna.
Césaro	¿Pues qué es aquéste?
Sabina	Engaño.
Césaro	Mucho sabes.
Sabina	So muchacha.
Césaro	¿Es galán tu amante?
Sabina	Lindo.
Césaro	¿Muy alto?
Sabina	Como una grulla.
Césaro	¿Gentilhombre?
Sabina	Como un Mayo.
Césaro	¿Muy discreto?
Sabina	Más que un cura.
Césaro	¿Qué talle?
Sabina	De aquese talle.
Césaro	¿Qué cara?

Sabina	Como la suya.
Césaro	¿Soy yo acaso?
Sabina	¿Querrá él sello?
Césaro	¡Pues no!
Sabina (Aparte.)	¡Arre, que se burla! (¡Valga el diablo el escolar! Quillotrada estoy sin duda, o es amor el que me come, o son cosquillas o pulgas.)
Césaro	¿Que no me crees?
Sabina	No lo creo.
Césaro	¿Pues qué haré?
Sabina	Comer las truchas de aquí, que diz que se pescan, señor, a manos enjutas. ¿Para qué quiere sardinas del aldea, que aunque hay muchas son muy groseras y caras?
Césaro	Sobre gustos no hay disputa. Dame esa mano.
Sabina	¿A qué fin?
Césaro	Diré mi buena ventura a la tuya.

44

Sabina	¿Sois gitano?
Césaro	¿Qué no es amor?
Sabina	¡Ah, hi de pucha,

qué bien sabes quillotrar!
¡A fe que sois mala cuca!

(Dale la mano a Césaro.)

Césaro	¡Qué blanca!
Sabina	Como carbón.
Césaro	Dime, pues, la patria tuya.
Sabina	Ya no os puedo negar nada.

Castel Montalto y sus grutas
es mi patria humilde y pobre;
y tan baja mi fortuna
que mi padre y tres hermanos
heredamos de la cuna
una casa sin tejado,
treinta ovejas y dos burras.
Pereto a mi padre llaman,
mi nombre es Sabina, y una
hermana que me dio el cielo,
más fresca que las lechugas,
se llama Camila; Félix
es mi hermano, que procura
el regalo de mi padre,
con tal piedad y cordura,
que espero en Dios le ha de hacer

mil mercedes. Si es que gustas,
señor, de muesa pobreza
y muesas peñas incultas,
esto solo soy y tuya,
que es lo más que tener puedo,
si como noble procuras
que la joya de mi honor
ni se rompa ni destruya;
que la guardo por ser solo
lo que debo a la Fortuna.

Césaro   Sabina sabia, ya entiendo
tus palabras. La hermosura
de esos ojos vale más
que cuanto mi sangre ilustra.
Fía de mí, que soy noble,
y que las palabras tuyas
por ser tan castas y honradas
el oro de mi fe apuran.
Yo iré a tu lugar mañana
fingiendo que en la espesura
de sus montes ando a caza.
Ocasión de vernos busca.
Verás cuanto puede Amor.
Aquesta cadena es tuya
y aquestos brazos tras ella.

Sabina   Lo postrero no, que es mucha
licencia. Esotro recibo
por su amor y por mi fruta.

Césaro   En fin, ¿me quieres?

Sabina   No sé.

46

Césaro	¿Serás mía?
Sabina	Seré suya.
Césaro	¿Cuándo?
Sabina	El tiempo lo dirá.
Césaro	¿Quién lo puede hacer?
Sabina	El cura.
Césaro	Dame en señal una mano.
Sabina	Luego. ¡Arre, que se burla!

(Vanse los dos. Llega Césaro a abrazarla, y vase sin abrazarla. Salen dos estudiantes.)

Estudiante I
      Ya descubrí el estudiante
que a Fermo y comarca asombra.

Estudiante II   ¿De veras?

Estudiante I
             Félix se nombra.
Cosa os diré que os espante.
   Desde el cuello le seguí
por saber si por los vientos
con alas de encantamentos
volaba; y fuera de aquí,
   tras una casa caída,
vi que una hermosa villana,
a quien dio nombre de hermana,

con su tardanza afligida,
a desnudarle acudió
la sotana y el manteo.

Estudiante II   ¿Qué dices?

Estudiante I   Aún no lo creo.

Estudiante II   Y, ¿pues?

Estudiante I   De un costal sacó
un traje rústico y vil,
y vestido en un instante
fue pastor nuestro estudiante.

Estudiante II   ¡Hay enredo más sutil!

Estudiante I   Metió en el saco al momento
el escolástico traje,
y vuelto al tosco lenguaje,
cada cual en un jumento
    subió; y la hermosa villana
dijo: «Félix, aguijemos,
que anochece, y aún tenemos
seis millas que andar». «Hermana
    —respondió—, yo sé que falto
a mi padre, que me espera;
no puedo más; yo quisiera
estar ya en Castel Montalto.
    Mas caminemos, que presto
liegaremos.» Y picando
se fueron los dos, quedando
suspenso yo.

Estudiante II	Habéisme puesto en admiración extraña. ¡Castel Montalto es su tierra!
Estudiante I	¿Las peñas de aquesa sierra y el rigor de una montaña tal ingenio criar puede?
Estudiante II	Mañana ha de venir; pues, a fe, que he de decir quién es, y sin que lo vede su poco nombre y estima, con todos hemos de hacer que a Fermo le haga oponer a la cátedra de prima.
Estudiante I	Eso será lo mejor.
Estudiante II	No vi cosa semejante.
Estudiante I	En un punto fue estudiante el que en otro fue pastor.

(Vanse los estudiantes. Salen Sixto, de villano, y Sabina.)

Sixto	Aún no ha, hermana, anochecido, y estamos en casa ya.
Sabina	Bueno, ni anochecerá en esta hora.
Sixto	Hemos venido todo el camino corriendo.

Sabina (Aparte.)   (¡Ay, escolar robador!
Si esto que tengo es amor
de amores me estoy muriendo.)

Sixto (Aparte.)   (Mi imaginación honrada
me está consumiendo en mí
desde el instante que oí
la voz del ser papa o nada.)

(Voces de fiesta dentro.)

Sabina   Félix, ¿qué voces son éstas?

Sixto   Llégase la Pascua ya,
y alguna fiesta será.

Sabina   No está el alma para fiestas.

(Salen pastores con Música, Pereto y Camila. Cantan.)

Música   «Viva Félix felice,
de los mozos rey;
que la Pascua de Reyes
ya de flores es.»

Uno   «Su rey los serranos
le acaban de her;
Dios le haga de veras
lo que en juego es
obispo o barbero,
papa o sacristén.
Denle la obediencia
con el parabién
los que haciendo fiestas

le vienen a ver.»

Todos   «Viva Félix felice,
de los mozos rey,
que la Pascua de Reyes
ya de flores es.»

Camila   Hermana, dame esos brazos.

Pereto   Enojado te esperaba
el amor que mi vejez
tiene con tu tardanza.

(De rodillas.)

Sixto   No he podido, padre, más.
Dadme esa mano.

Camila   ¿Y mis calzas?

Sixto   Dentro las alforjas vienen
con una patena y sarta.

Camila   ¡Vivas mil años! ¿No ves
cómo los de la comarca
te han hecho rey esta tarde
para holgarse aquesta Pascua?

Chamoso   Pardiez, que no faltó voto.

Pastor III   Señal que a nadie le falta
el amor que todos muestran.

Sixto   El que les tengo me pagan.

51

Chamoso	¡Viva Félix, nueso rey!
Todos	¡Félix viva!
Pastor II	¡Hola! Saca
	una silla de costillas.
(Sácanla y siéntanle.)	Dejéislo por una vara
	de alcalde de muesa aldea.
Sixto	Vayan por colación.
Pereto	Vayan.
	Traigan tostones y peros,
	pan, turrón, vino y castañas.
Pastor II	¿Adónde está la corona?
Chamoso	Quedóse, pardiobre, en casa.
Pastor II	Ve por ella.
Chamoso	Vivo lejos.
Pastor II	¿Pues qué hemos de her?
Chamoso	Aguarda,
	entraré dentro en la igreja,
	y una corona dorada
	quitaré que puesta tiene
	San Luis, el rey de Francia.
Pastor I	No te vengan lamparones
	si los santos desacatas.

Chamoso	No desacato, antes quiero
	que a Félix merced le haga.

(Habla Camila a su hermana.)

Camila	¿De qué estás melenconiosa?

Sabina	Tengo quillotrada el alma.

Camila	¿Quillotrada cómo?

Sabina	¡Ay, Dios!

(Saca Chamoso una tiara de tres coronas y pónesela en la cabeza a Sixto.)

Chamoso	Veisle aquí ya coronado.

Pastor I	¡Ao! ¡La corona de Papa
	que tien puesta San Gregorio,
	le puso!

Pereto	¿Qué has hecho?

Pastor II	Estaba
	un poco oscura la igreja,
	y pensando que quitaba
	la del rey, quitéle estotra;
	pero buena pro le haga.

Sixto (Aparte.)	(¿Qué es esto, piadosos cielos,
	tantos pronósticos? Bastan
	los que he visto, que me inquietan
	los pensamientos y el alma.

Bien viene aqueste presagio
ya con las propias palabras
del astrólogo y la voz
que tanta inquietud me causan.
¿Qué aguardo que no ejecuto
el principio que me manda
el cielo para este fin?
Francisco, vuestra orden sacra
me ha de recibir por hijo.
A Escuti me iré mañana
donde los claustrales tienen
una noble e insigne casa;
el hábito he de pedirles
que ya es cierta mi esperanza,
y ha de salir victoriosa,
pues hoy los cielos la amparan.)

Pereto   Bien te dice la corona.

Camila   Chamoso, ¿no tien la cara
buena para papa?

Chamoso   Buena.

Pereto   A serlo, ¿qué no faltaba?

Pastor I   Que de menos le hizo Dios.

Chamoso   Es verdad, y boqueaba.

Camila   La colación nos espera.

Chamoso   No te quitéis la tiara.
Será rey pontifical.

Sixto (Aparte.)	(¡Qué inquieta llevo el alma!)
Chamoso	Venga en brazos.
Pastor I	Bien has dicho.
Todos	¡Viva Félix!
Chamoso	Silvio, canta.
Sixto (Aparte.)	(Pontífice soy de burlas; pues Pedro de vuestra barca he de regir el timón, porque he de ser papa o nada.)

Fin de la primera jornada

Jornada segunda

(Música y acompañamiento de universidad. Detrás de todos Sixto, de fraile francisco, con bonete en la cabeza, con borla blanca, y a su lado Rodulfo, caballero muy galán.)

Rodulfo   Gocéis el honroso estado,
padre, que Fermo os ofrce
pues el grado que os ha dado
da muestras que lo merece
vuestro ingenio en sumo grado.
    Goce vuestra religión
la dicha que con razón
vuestro nombre pronostica,
fray Félix, pues queda rica
por vos su congregación.
    Goce vuestra habildad
Fermo, aunque viviendo vos
ha de haber dificultad
en distinguír de los dos
cuál es la universidad;
    pues si se encierran en ella
todas las ciencias, vencella
merece vuestra fortuna,
pues no hay facultad alguna
que no os iguale con ella.
    Y así en esa borla fundo
vuestro ingenio sin segundo,
pues os la da el cielo franco
blanca, por ser vos el blanco
de las ciencias en el mundo.
    Padre, el cardenal, mi tío,
vuestra habilidad conoce,
pío en nombre, en obras pío;

y para que el mundo os goce,
que dirá de vos confío,
   al Papa, para que pueda
apoyar vuestra ventura.

Sixto   Si a tan buena sombra queda
mi humilde suerte segura,
¿qué envidia habrá que la exceda?
   Yo soy hijo de un villano;
pero ya nuevo ser gano,
pues si tan bajo me halláis,
ya los dos me levantáis,
pues los dos me dais la mano.

Rodulfo   Andad, padre, y descansad,
que yo os prometo de hacer
que ensalce Su Santidad
vuestro humilde y pobre ser
y honre vuestra habilidad.
   Aquéste es vuestro convento.
La universidad podrá
volverse.

Sixto (Aparte.)   (Buen fundamento
el cielo a mi dicha da.
No desmayéis, pensamiento.)

(Vanse todos. Salen Pereto, Sabina y Camila, y detienen a Sixto.)

Pereto   Félix, hijo.

Sabina   Con la prisa
que se va, hermano...

Sixto	¿Qué es esto? Mi padre y tu voz me avisa.
Sabina	La caperuza le han puesto del cura.
Camila	¡Linda divisa!
Sixto	¿Qué nuevo aliento, amado padre mío, os trae a Fermo, vos que de la cama apenas a la iglesia el cuerpo frío podíades mover?
Pereto	Hijo, quien ama remoza su vejez y cobra brío; que amor, con ser tan viejo, no se llama sino niño, que al viejo vuelve mozo; si viejo soy, con verte me remozo. Dijéronme en Montalto que este día te honraba esta ciudad con un bonete y una borla que blanca te ponía tu orden porque Italia te respete; y como la honra tuya es honra mía, el gozo me animó que me promete tu vida deseada. Al fin a Fermo me he atrevido a venir viejo y enfermo. Hoy es miércoles, hijo, y hoy has sido con esa nueva dignidad honrado; en este día solo hemos tenido las venturas que el cielo nos ha dado; en miércoles te vio Italia nacido, en miércoles te vimos bautizado, en miércoles ese hábito tomaste, y hoy que es miércoles, Félix, te graduaste.

En miércoles, en fin, mi fraile, espero
que has de honrar nuestro rústico linaje.

Sixto

Si la Fortuna, padre, como os quiero
me ayuda, aunque la envidia más me ultraje,
Italia os la tendrá.

Sabina

               No os considero
muy grave fraile; como en ese traje
estáis, ya no hacéis caso de Sabina.
A fe que estoy enojada.

Camila

                      Y yo mohína.

Sixto

    ¡Ay, compañera en mis estudios! Sabe
el cielo que eres de mis gustos vida.

Camila

Ya no hacéis caso de nadie; estáis muy grave.

Sixto

Jamás lo que te quiero se me olvida,
Camila amada. Porque no hay quien lave
la ropa en el convento, ya sabida
vuestra pobreza, si gustáis quisiera
que fuéredes desde hoy su lavandera.
    Seis reales os darán cada semana
y de comer, que así lo ha prometido
el padre guardián. Venid mañana
por la ropa.

Camila

             En buen hora.

Sixto

                 Y lo que os pido
es que, ayudándoos tú querida hermana,
regaléis nuestro padre.

Pereto   Siempre he sido
                   en esto venturoso.

Sixto   Y dad contento
                   con vuestro buen servicio a este convento;
                     haced la ropa limpia y olorosa.

Camila   Más blanca ha de venir que la cuajada,
                   y de las hojas del poleo, la rosa
                   y trébol llena.

Sixto   Sed muy aseada.

Sabina   No hay labradora sucia ni asquerosa;
                   y más Camila, que es leche colada.

Camila   Ya es hora que nos vamos, que anochece.

Pereto   ¡Qué corta aquesta tarde me parece!

Sixto   Padre, adiós.

Pereto   Él te vuelva brevemente
                   a mis ojos.

Sixto   Sí hará. Dadme esa mano.

(De rodillas.)

Pereto   Eres de misa; ya no lo consiente
                   tu dignidad.

Sixto   Si el trono soberano

de Roma coronara aquesta frente
con la tiara del pastor romano,
me levantara de su sacra silla
y os la besara hincada la rodilla.
    Adiós, Camila; adiós, Sabina amada;
id con Dios.

(Abrázalos.)

Sabina   Aun no habemos vendido
nuestra leña.

Sixto   Iréis de camarada,
padre, con los serranos que han venido
al mercado.

Camila   No hayáis temor de nada,
que hartos irán con él.

Sixto   Padre querido,
mirad que no caigáis.

Sabina   Que no hará, hermano.

Sixto   ¿Anda bien el jumento?

Sabina   Bien y llano.

(Vanse todos. Salen Rodulfo y el maestro Abostra, fraile franciscano.)

Rodulfo   El cardenal, mi señor,
como en su aumento se emplea,
ver a fray Félix desea
del papa predicador.

Abostra	Vuestro tío el cardenal,
	señor Rodulfo, se inclina
	a una persona muy dina,
	sabia, noble y principal.
	   ¿Para semejantes puestos
	como el púlpito romano
	es bien honrar a un villano,
	y dejar tales supuestos
	   como hay en mi religión?

Rodulfo	Fray Félix es noble y grave; Italia y el mundo sabe las letras y erudición de fray Félix.
Abostra	Las ovejas que ayer le vimos guardar le deben calificar.

Rodulfo	A pesar de vuestras quejas,
	   padre, su virtud apruebo,
	que aunque la nobleza pueda
	ilustrar a quien la hereda,
	al que la gana de nuevo
	   ensalza el mundo y alaba;
	pues porque más se aventaje,
	comienza en él su linaje,
	y en otros el suyo acaba.
	   Mas, pues traigo comisión
	del cardenal, quiero dar
	hoy a la envidia lugar
	que deshace su opinión.
	   ¿Qué sujetos hay aquí

que al papa predicar puedan?

Abostra   Muchos que en la sangre heredan
letras y virtud; que en mí
  no hay envidia, mas deseo
de ver premiar nobles canas,
y en ellas doctrinas sanas,
y no en un mozo.

Rodulfo   Ya lo veo.

Abostra   Doce son los que contiene
este papel. Cada cual
fama, experiencia y caudal
para aquese cargo tiene.
  Ya Roma sabe quién es
el maestro Tolentino.
El predicador divino
tuvo por nombre después
  que con aplauso notable
le oyó la curia romana.
Rainaro ya es cosa llana
que es un púlpito admirable.
  Pues fray Marcos de Espoleto
tras sí se ha llevado el mundo;
el Pablo, llaman, segundo
al elegante Cursieto.
  Florencia dijo por él
este Adviento, al capuchino,
el celebrado Antonino
se llamaba Cademiel;
  y yo, que soy el menor,
no ha un mes que en la sacra curia...

Rodulfo	Basta. A nadie se hará injuria. Echar suertes es mejor, que pues tan iguales son, para juzgar como a sabio no quiero hacer a once agravio por honrar a uno.
Abostra	Es razón ésa muy justa. Ya están todos dentro.

(Sacan una urna de plata, y meten las cédulas.)

Rodulfo	El que saliere
	primero, ése se prefiere
	a todos; y aunque les dan
	   en los sermones la fama,
	nadie, padre, me parece
	que entrar en suerte merece
	como fray Félix; mas ama
	   mucho las escuelas, lea
	agora, aunque no predique
	al papa, y Fermo publique
	lo que en él el cielo emplea.

Abostra	Guíe el cielo soberano mis dedos donde el deseo pretende, que ahora veo mi bien y mal en la mano. La primera que he topado saco.
Rodulfo	Desdobladla, pues.

Abostra	¡Válgame el cielo!
Rodulfo	¿Quién es?
Abostra	Fray Félix. Mas si no ha entrado en suertes ¿cómo ha salido?
Rodulfo	Dale su virtud favor; pero alguno por error la debe de haber metido con los demás.
Abostra	¿Qué es aquesto, cielos? ¡Que hasta un villano me haga punta!
Rodulfo	Salió en vano. Aunque es tan gran supuesto, no ha de ir fray Félix a Roma. Rasgadla, y volved a sacar otra.
Abostra	¡Queraísme ayudar, cielos, que si una vez toma mi dicha la posesión del púlpito sacro, presto gozaré el supremo puesto de la de mi religión!
(Sacan otra.)	Por lo menos no será de fray Félix ésta.
Rodulfo	Aquí dice: «fray Félix».

Abostra   ¡Que así
muerte mi envidia me da!
   No debe de haber otro nombre
dentro de este vaso.

Rodulfo   Vos
las escribisteis.

Abostra   ¡Que Dios
me atormente con este hombre!

Rodulfo   Pues dos veces ha salido
sin que en suertes haya entrado,
y el cielo le ha señalado,
él debe de ser servido
   que de aqueste cargo goce.
Padre, haced que venga aquí.

Abostra   ¡Que dos veces salga así
este villano entre doce!

Rodulfo   ¡Gran cosa!

Abostra   ¡Que por tan ruin
hombre, mis penas me inquieten!

Rodulfo   Estos principios prometen
grande honra, dichoso fin.
   No le llamen, que yo quiero
darle el cargo y parabién.

Abostra (Aparte.)   (Y a mí eL pésame me den.
Mas pues de envidia me muero,
   y se celebra en Florencia

capítulo general,
si soy del orden claustral
general, la competencia
   me pagará —¡vive el cielo!—
y que tengo de envialle
a que ande de valle en valle
guardando cabras.)

Rodulfo   Recelo
        que estáis envidioso.

Abostra   ¿Yo?
        De mi pecho juzgáis mal.
(Aparte.)   (Salga una vez general,
        que ya la memoria halló
           traza con que me vengar.
        La opinión ha de perder
        que tiene el villano, y ser
        pastor.)

Rodulfo   Vamos.

Abostra (Aparte.)   (¡Oh, pesar!)

(Vanse todos. Salen Sabina y Camila.)

Camila   Adelante, hermana, pasa
        con tu cuento y con tu amor,
        mientras nos pagan la leña
        que hemos vendido las dos,
        que me parecen consejas
        las que cuentas; y si son
        verdades, pardiez, Sabina,
        que es tu dicha la mayor.

Sabina	Es el escolar garrido
	más que cuando sale el Sol
	entre nubes a quien borda
	su dorado resplandor.
	Cada día en el mercado
	me aguardaba, como hoy;
	que amor diz que aguarda al vuelo
	como astuto cazador.
	Comprábame los despojos
	que muesa tierra nos dio,
	ya el lino, ya las pajuelas,
	ya la miel, ya el requesón.
	Y si va a decir verdad,
	en viéndole, el corazón
	me bailaba dentro el pecho;
	no sé yo quién le hacía son.
	Llevé dos cargas de leña
	uña vez, y el niño Dios
	como vio leña, y es fuego,
	echando chispas saltó,
	más, que es cosa, y cosa hermana,
	que en la leña no emprendió,
	sino en el alma, do vive
	convirtiéndola en carbón.
	Dijome el escolarejo
	tantas cosas, que al sabor
	de sus melosas palabras
	la libertad me robó.
	En fin, le dije mi nombre,
	pueblo, tierra y afición;
	que amor, mudo en los principios,
	da, a la postre, en hablador.
	Proetió de ir a verme

en traje de cazador
otro día a muesa tierra.
¡Ay, Dios! ¡Qué bien lo cumplió!
Los peñascos son testigos,
sus robles testigos son
de sus palabras, mis yerros
el oro de Amor doró.
Diome palabra de ser
mi esposo, aunque urdiese Amor
entre su seda mi estambre,
que siempre ha sido urdidor.
Quedé, mi Camila, dueña,
pero no dueña de honor
mientras Césaro no cumpla
la palabra que me dio.
Tres años ha que viniendo
a Fermo, como a señor,
le paga mi amor tributo;
suya ha tres años que soy;
esta casa de placer,
quinta o tercera es de Amor.
¿A dónde no pone en quintas
este ciego enredador?
Pero lo que más me aflige
es, mi Camila, que estoy
como huevo de dos yemas,
porque aquí me bullen dos;
levántaseme a mayores
el brial, y de mi error
descubro el fruto que quise
gozar solamente en flor.
¿Qué me aconsejas?

Camila   No sé;

parirlo, que es lo mejor.
Tu liviandad me ha enojado,
tu amor me da compasión.
Ello es hecho, no hay remedio,
el tiempo descubridor
nos dirá lo que has de hacer.
Finje que es opilación,
no lo sepa mueso padre.

Sabina   Mi esposo viene.

Camila   ¡Ah, traidor
rapaz, descubre secretos!
¡Huego en quién se cree de vos!

(Sale Césaro.)

Césaro   ¡Labradora de mis ojos!

Sabina   ¡Cortesano de mi vida!

Césaro   Ya la pena se me olvida
que por ti me daba enojos.
            Dame esos brazos.

Sabina   Y en ellos
el alma.

Camila   ¡Verá del modo
que están!

Césaro   Mi bien es todo.

Camila   ¡Eso sí; apretaos los cuellos!

¡Arrullaos; qué palominos
sois los dos!

Césaro   ¿Esta serrana
quién es?

Sabina   Camila, mi hermana.
Ya sabe mis desatinos,
  abrázala.

Camila   ¿A quién? ¿A mí?
mas no, nada. Haceos a un lado.

Césaro   Abrazadme por cuñado.

Camila   Por cuñado, aqueso sí.
  ¡Qué buena cara que tien!
No he visto ojos más garridos.
Andaos a escoger maridos,
Sabina, que lo hacéis bien.

Césaro   ¿Queréis vos uno?

Camila   ¿Qué manda?
Nació en las malvas mi gesto.

Césaro   Que os casaréis; será presto
la boda.

Camila   Ya se me anda.

Césaro   Pues, Camila, yo me encargo
de casaros, y os prometo
marido rico y discreto.

Abrazadme.

Camila   Es cuento largo.

Césaro   Tomad aquesta sortija
y los brazos.

(Abrázala.)

Camila   Lo que os pido
es aquello del marido.
¡Ao verá cuál me embracija!

Sabina   Sabed, Césaro, que estó
mala.

Césaro   ¡Cómo!

Sabina   El otro día...
Díselo tú, hermana mía,
que tengo vergüenza yo.

Césaro   ¿Qué tenéis, esposa amada?

Camila   ¿Qué diabros ha de tener?
Tentad y echaréis de ver
que tien la tripa hinchada.

Césaro   ¿Eso me dices así
sin albricias?

Camila   Yo os las pido.

Césaro   ¿Qué albricias?

Camila	Las del marido.
Césaro	¡Hay tal ventura!
Sabina	¡Ay, de mí! que, si mi padre lo sabe, temo que me ha de matar.
Césaro	Dejad, mi bien, de llorar, que en el peligro más grave socorre el cielo mejor. Aquí, con gloria distinta, ha de ser Chipre esta quinta, y vos, Venus, que al Amor ha de parir. Al mercado acostumbráis cada día venir; cuando, esposa mía, llegue el tiempo deseado, aquí, serrana querida, daréis el fruto que espero. La mujer del jardinero, que también está parida, cuidará de tu regalo. Mi padre es viejo y enfermo, y presto te ha de ver Fermo, si a mi amor mi dicha igualo en diversa vida y traje. Sed agora labradora, que así mi amor os adora. Solo Castro y un paje saben nuestro amor; mi bien, no lloréis.

Camila	Alto de aquí.
Césaro	¿Es hora, Camila?
Camila	Sí, que es tarde. Sabina, ven, que hueles a caballera, y yo envidiosa un poquillo. Yo no huelo sino a tomillo y cantueso.
Sabina	No quisiera partirme de aquí en mi vida; pero ya es de noche. Adiós, que acá me quedo con vos.
Camila	Espera hoy la despedida.
Césaro	Camila, el cielo os me guarde.
Camila	Ao, no pongáis en olvido...
Césaro	¿Qué?
Camila	Bueno, lo del marido.
Césaro	No hayáis miedo.
Camila	Ven que es tarde.

(Vanse las dos. Sale el príncipe Fabriano, Pompeyo y Decio.)

Fabriano	Debe a su santidad la casa Ursina mil mercedes, y yo principalmente

por la afición que a mi favor le inclina.

Césaro   Señor ¿qué es esto?

Fabriano   Hoy, hijo, dale al cielo
mil gracias en albricias de que toma
a su cargo tu aumento mi consuelo.
                        [...]
                        [...]
Cardenal eres, Césaro, de Roma.

Césaro   ¿Yo?

Fabriano   Sí; la beatitud de Pío V,
santo en la dignidad como en las obras,
la púrpura te da con que en distinto
    y en diferente estado te prefieres
a tu hermano mayor en honra y fama.
Cardenal te ha criado, y ya lo eres,

Césaro (Aparte.)   (¡Ay, de mí!)

Fabriano   La familia y casa Ursina
honra su santidad con gran cuidado.

Césaro (Aparte.)   (¡Ay, mi serrana hermosa!, ¡ay, mi Sabina!
    ¿Qué estorbos de tu amor son los que escucho?
Mas, ¿qué estorbos quien ama no atropella?
Quien quiere mucho menosprecia mucho.
    Perdóneme la púrpura romana,
la dignidad suprema y su capelo,
que mi sayal estimo y no su grana.)

Fabriano   Paréceme que te has entristecido

de lo que era razón que te alegrases.
¿No me respondes? ¿Tú el color perdido?

Césaro

No te espantes, señor; mudo he quedado
cuando me ofreces el honroso oficio
del cargo sacro que gozar no puedo.

Fabriano

¡Cómo que no puedes! ¿Quién te inhabilita,
que no puedes gozarle?

Césaro

Estoy casado.

Fabriano

¿Casado? ¡Loco! mi paciencia irrita
a justo enojo. ¡Ah, desdichado viejo!
[...]

Césaro

No aguarda Amor licencia ni consejo.

Fabriano

¿Quién es tu infame esposa?

Césaro

No es infame
la esposa de tu hijo, ni agora puedo
declararte quién es.

Fabriano

¡Que no derrame
tu sangre vil! ¿Quién es, Decio, responde,
esa mujer?

Decio

Tan ignorante en eso
estoy, que no sé quién, cómo, ni adónde.
No privo yo tanto que me cuenta
de sua amores; otros pajes tiene,
ellos te lo dirán.

Fabriano	¿Hay tal afrenta?
	¿Pareceráte bien que vuelva a Roma
	el capelo que el papa te ha enviado,
	cuando con tanto amor tus cosas toma?
Césaro	Sobrinos tienes, deudos y parientes;
	pide para uno de ellos el capelo,
	que en mí hallarás un mar de inconvenientes.
Fabriano	¿Quién es esa mujer?
Césaro	No he de decillo.
Fabriano	Ponelde en el castillo de Fabriano,
	veremos si lo dice en el castillo.
	De guarda estén cien hombres.
Césaro	Aunque aplican
	prisiones, poco importa, que en la ausencia
	las almas, con amor, se comunican.
Fabriano	Llevalde.
Césaro (Aparte.)	(Todo por Sabina es poco.)
(Llevan a Césaro.)	
Fabriano	No saldrás en tu vida; tu verdugo
	seré en lugar de padre, infame loco.
	Decio, tú sabes esto.
Decio	Ruego al cielo,
	señor, si sé tal cosa.

Fabriano	¡Hola! traedme
	aquí un verdugo.
Decio	De tu inclemencia apelo.
Fabriano	Sacad un potro aquí.
Decio	Dómele otro.
	No le saquen, señor, que aunque estudiante,
	no quiero que me den el grado en potro.
	La verdad cantaré, yo seré gallo.
Fabriano	Acaba, pues.
Decio	Estése el potro dentro,
	que no sé andar en potro ni a caballo.
	Césaro habrá tres años que, perdido
	por una serraneja de Montalto,
	le dio palabra y mano de marido.
	Tan pobre es, que su hermana es lavandera
	de los frailes franciscos que aquí habitan,
	y Césaro la adora de manera
	que, sin mirar que es hija de un villano,
	el más humilde y pobre de esta sierra,
	la jura hacer princesa de Fabriano.
	Cada mercado viene aquí cargada
	de baratijas, y cargada vuelve,
	porque pienso, señor, que está preñada.
	Aquesto es lo que sé, que no hay secreto
	que el relincho de un potro no descubra.
	Ella, en fin, es Sabina y él Pereto.
Fabriano	No ha de quedar en todo el vil Montalto
	casa, pajiza, encina, piedra o roble

que el fuego y mi venganza no dé asalto.
Yo en persona he de hacer esta venganza.
¿De una villana Césaro marido?
No logrará su vana esperanza.

Decio   Canté por Dios. Un potro el arpa ha sido.

(Vanse todos. Salen Ascanio Colona y Marcelo, de camino.)

Ascanio   ¿Y a qué vais, señor, a Roma?

Marcelo   A su santidad me envía
Venecia y su señoría;
que el ver cuán a pechos toma
   esta santa guerra y liga,
ha obligado su tesoro,
con una tiara de oro
y piedras con que bendiga
   el estandarte, le ofrece.

Ascanio   La potencia veneciana
de liberal y cristiana
el primer nombre merece.

Marcelo   A sesenta mil ducados
ha llegado.

Ascanio   ¡Hermosa pieza;
y digna de la cabeza
de un Pío V!

Marcelo   Convocados
los generales están,
de aquesta liga, el romano

por la iglesia, el veneciano
y el fénix de Austria don Juan,
  hijo del flamenco Marte
y cabeza de la liga.
Quieren que el papa bendiga
el católico estandarte,
  donde las armas han puesto
de la iglesia soberana,
del rey, y la veneciana
señoría, y para esto
  me envían con la tiara
que os he dicho.

Ascanio   De ese modo
vamos juntos, que yo y todo
voy a Roma, y me pesara
  no hallarme en esta ocasión
en ella, porque es mi tío
el capitán a quien Pío
da de la iglesia el bastón.
  Hame impetrado un capelo
del Papa.

Marcelo   Y en vos está

Ascanio   bien empleado.

Marcelo   Será
para serviros.

(Sale Sixto.)

Sixto   ¡Que el cielo,
  cuando más honra me trata

en la vulgar opinión,
por la vil persecución
de la envidia así me abata!
   Huyendo de su malicia
vengo al sacro tribunal
del juez pontifical,
que solo de su justicia
   espero lo que me niega
la envidia en mi religión.
Mas, válgame Dios, ¿quién son
aquestos?

Marcelo   Un fraile llega
                   de camino y a pie.

Ascanio   Padre,
                   ¿adónde solo y a pie?

Sixto   Adonde el cielo me dé
                   defensa. A Roma, que es madre
                      de perseguidos.

Ascanio   ¿Qué veo?
                   no sois vos fray Félix?

Sixto   Félix fui, ya soy infelix,
                   señor Ascanio.

Ascanio   El deseo
                      de veros se me ha cumplido;
                   mas no de veros así.
                   Veis, señor Marcelo, aquí
                   el que a Italia ha enriquecido
                      de letras, el que en el mundo

coluna de ciencias fuera
cual la de Set, si viniera
otro diluvio segundo.
Es éste el fray Félix Pereto.

Marcelo   ¿El de Montalto?

Ascanio   El que asombra.

Marcelo   El monstruo, Italia, le nombra
de letras.

Ascanio   Esto, os prometo.

Marcelo   ¿Pues cómo venís así,
honra de nuestra nación?

Sixto   Háceme contradicción
la envidia, por ver en mí
   humildad en el linaje,
letras en la juventud,
premio y honra en la virtud,
y llaneza en el lenguaje.
   Hanme hecho predicador
del papa, y llévalo mal,
señores, mi general.
Huyo en fin de su rigor,
   porque ha mandado prenderme,
y por desacreditarme,
al papa envía a acusarme,
y yo, queriendo valerme
   de mi justicia, he venido
huyendo hasta la montaña.

Marcelo	¡Oh, bien gobernada España
	donde la observancia ha sido
	la que, echando a la claustral
	tiene en ella firme asiento!
	Sabe el cielo lo que siento
	que os trate vuestra orden mal;
	pero no fuera señor
	José de Egipto y su tierra
	a no hacerle tanta guerra
	la envidia. Mostrad valor,
	que a Roma vamos los dos,
	y con nosotros podéis
	ir seguro, si queréis.
Sixto	Págueos tanta merced Dios.
Ascanio	Ya el papa tendrá noticia
	de quien sois; pero, si fuere
	necesario y os pidiere
	cuenta de vuestra justicia,
	yo os abonaré.
Sixto	De mí
	voy satisfecho, señor;
	no he menester protector,
	mi inocencia hable por mí.
Ascanio	Ya yo sé que la tenéis
	en toda Italia abonada.

(Sale Julio, criado.)

Julio	La cena está aderezada.

Marcelo	Venid y descansaréis;
	que luego caminaremos.
Ascanio	Vamos, veréis la tiara.
Sixto	Virtud, tu valor me ampara,
	por más que andes por extremos.

(Éntranse, sino es Julio, que saca una tiara.)

Julio   ¡Oh, hética inagotable
de la codicia de Midas!
Oro gastan tus comidas,
tu sed bebe oro potable.
   De oro vistes tu avaricia,
de oro buscas tu amistad
y oro ha puesto mi lealtad
en tus manos, vil codicia.
   La tiara que Venecia
ha entregado a mi señor
para el romano pastor,
hurtó mi codicia necia.
   Con sesenta mil ducados
que valéis, ¿qué lealtad
podrá con seguridad
librar de vos sus cuidados?
   Entre estas piedras que son
las más ocultas os dejo
escordida, y yo me alejo;
con vos queda el corazón.
   Quiero volver donde pueda
no dar sospecha, y después
que en vano busquen quien es
el ladrón que en vos se queda,

tornaré, que aunque es vileza,
esta no la puede haber
como el haber menester,
pues siempre es vil la pobreza.

(Escóndela entre unas piedras y vase. Sale Sixto.)

Sixto

Mientras duerme quien me ampara,
montañas, cuya aspereza
tengo por naturaleza,
oíd en lo que repara
del mundo la suerte avara;
porque entre el tosco sayal
nace la invidia mortal
y me causa esta inquietud;
que hasta la misma virtud
quieren que sea principal.
    ¿Qué diferencia el cielo hace
—decid, encinas y robles—
entre villanos y nobles,
que tanto los satisface?
Llorando uno y otro nace
y con las mismas señales,
cayados y cetros reales,
lloran también al salir;
que en el nacer y morir
unos y otros son iguales.
    No abate al roble la palma
por ser sus frutos mejores,
que las dotes que hay mayores
son solo dotes del alma.
Con ellos mi dicha calma,
por faltarme los pequeños,
de quienes son otros dueños.

Penas, razón de esto os pido;
dádmela, aunque esté dormido,
si puede haberla entre sueños.

(Duérmese sobre las peñas donde está escondida la tiara. Aparécele Roma en lo alto con unas llaves en la una mano, y en la otra una espada desnuda.)

Roma   Félix, ¿qué descuido es ése?
                        Tiempo es de velar, despierta;
                        que el que ha de ser mi pastor
                        no es bien que descanse y duerma.

(Sixto habla entre sueños.)

Sixto   ¿Quién eres, doncella hermosa,
                        que tus palabras me inquietan
                        el alma?

Roma   Roma, del mundo
                        y de la iglesia cabeza.

Sixto   ¿Pues qué me quieres?

Roma   Armarte,
                        para que en los hombros tengas
                        la carga honrosa y pesada
                        de la militante iglesia.
                        El Santo Papa Pío V,
                        en cuyo favor esperan
                        Austria y España en Lepanto
                        vencer las lunas turquescas,
                        con un capelo te aguarda;
                        y después que las ovejas
                        del católico rebaño

seis años rija, y suceda
en su santidad y silla
Gregorio, de fama eterna,
para consagrar tus sienes
mis tres coronas te esperan
por un lustro con que ilustres
a Italia, que está en tinieblas.
No te vencerá la envidia
de tus émulos, ni temas
sus vanas persecuciones,
pues porque mejor las venzas
dos llaves te ofrece el cielo;
pero, porque las poseas
en seguridad, te da
aquesta espada con ellas.
Cruel te llamará el vulgo,
pero, a pesar de sus lenguas,
advierte que no se alcanza
a veces la paz sin guerra;
usa, Félix, el rigor
que esta espada blanca muestra,
y gozarás de estas llaves.

(Cúbrese Roma. Despierta Sixto. Queriendo levantarse, saca la tiara en la mano alborotado.)

Sixto   Oye, Roma, aguarda, espera;
la tiara que me ofreces
quiero ver dónde la llevas.
Dame, Roma, la tiara.
¡Válgame Dios! ¡Qué quimeras
aun durmiendo me persiguen!
¡Cielos! ¿Qué tiara es ésta?
¿Quién durmiendo me la ha puesto?

Pero dentro de estas penas
cuando desperté la hallé.
Si con señales tan ciertas,
Roma, no gozo tu silla,
nadie en pronósticos crea.
¡Oh, peso de todo el mundo,
que, sin saber lo que pesas,
tienes tantos deseosos,
rica y noble en la apariencia!
¿Qué mucho que peses tanto
si te adornan tantas piedras?
Y ¿qué mucho que dé de ojos
la cabeza que te lleva?
¡Válgame el cielo! ¿Quién pudo
ocultar tanta riqueza
en estos toscos peñascos?
Pero ¿qué voces son éstas?

(Salen Ascanio, Marcelo y Julio alborotados.)

Marcelo   Todos los de la posada
y el huésped con ellos prendan,
que tal insulto merece
como es la culpa la pena.

Ascanio   ¿Hay igual atrevimiento?
¡La tiara que Venecia
envía al papa, robada!

Julio (Aparte.)   (Encubrid mi insulto, peñas.)

Marcelo   ¡Válame el cielo! ¿Qué veo?
¿La tiara no es aquélla
la misma?

Ascanio	¡Jesús! Fray Félix, ¿vos la hurtasteis? No creyera tal cosa jamás. ¡Jesús!
Marcelo	No me espanto de que os tengan, padre, en tan mala opinión, pues que vuestras obras muestran las malas inclinaciones que a los de vuestra orden fuerzan a perseguiros así.
Sixto	Pues yo...
Ascanio	¿Aún no tenéis vergüenza de hablar aquí? No hay disculpa.
Marcelo	Vaya a Roma, porque en ella se castigue este delito como merece.
Ascanio	¿A bajeza, se inclina un hombre cual vos, semejante? Mal se emplean las letras que os dan tal fama.
Julio (Aparte.)	(De mis desgracias las medias ahorro, ya que perdí, por mi poca diligencia, tal joya, pues mi codicia con mi infamia está encubierta.)
Ascanio	Por lo bien que os he querido, padre, y por la reverencia

del hábito que traéis,
de quien dais tan mala cuenta,
haré que no os lleven preso
a Roma, que me avergüenza
el ver a un fraile ladrón.

Sixto   Escuchad, señor.

Marcelo   ¡Que aún lengua
tengáis para disculparos
de tal! ¡De que a tal bajeza
la de su bajo linaje
le inclina!

(Vanse todo sino es Sixto.)

Sixto   ¡Cielos, paciencia!
¿Qué enredos, qué confusión
rendir mi paciencia intenta?
¿Qué borrasca, qué tormenta
derriba así mi opinión?
¿Ya me tienen por ladrón,
cuando me juzgo por dueño
de Roma? ¡Por tan pequeño
gusto, afrentas, cielos, tales!
Despierto me dais los males,
y los bienes cuando sueño.
   ¡Ay de mí, cómo ha salido
el vil pronóstico cierto!
Ya experimento despierto
lo que me engañó dormido.
Las tres coronas han sido
aquéstas que mis quimeras
creyó gozar verdaderas.

¡Ay, desdichada ambición!
¡De burlas mis dichas son,
y mis desdichas de veras!

(Salen Chamoso, Crenudo y Pereto, llorando.)

Crenudo   Ya el llanto, Pereto, en vano
vuestra honrada vejez baña.

Chamoso   No ha sido, por cierto, hazaña
del príncipe Fabriano
   el quemar la pobre hacienda
que el cielo en Montalto os dio;
pero ya que os la quemó,
dando a su cólera rienda,
   en mi casa viviréis,
y la mía, aunque es escasa,
será vuesa.

Pereto   No es mi casa
quien causa el llanto que veis;
   que, aunque de ella vivo falto,
la vejez que me hace guerra
casa debajo la tierra
pide, y no sobre Montalto.
   Mi honra lloro perdida,
y a Sabina que la dio
a quien tan mal la empleó.

Sixto   ¡Padre!

Pereto   ¡Hijo de mi vida!
   ¿Tú aquí?

Sixto	Y vos dando a los ojos llanto que mis penas fragua.
Pereto	¡Ay, Félix! no basta el agua que derraman mis enojos para que la mancha lave de nuestro honor.
Sixto	¡Ay de mí! Padre mío, ¿cómo así?

Pereto	Sabina, tu hermana, sabe
	  el cómo. A Césaro ha dado
	la joya de más valor
	que heredó de nuestro honor.
	Su padre, el príncipe, airado,
	  porque su mujer la llama,
	dicen que le tiene preso,
	y en venganza de este exceso
	que dice ofende su fama,
	  fuego a mi casa pajiza
	ha puesto, cuyas alhajas
	por ser los techos de pajas
	se han convertido en ceniza.
	  Pero no siento esto tanto
	como mi perdido honor
	y que quite de este error
	fruto que aumente mi llanto.
	  Félix hijo, Sabina está
	preñada.

Sixto	Eso, sí, Fortuna. Vengan desdichas, que alguna la vida me acabará.

¡Ah, males con que acrisolo
mi paciencia! Derribad
juntos mi felicidad;
que nunca un mal viene solo.

Padre, ni el honor perdido,
ni la hacienda siento tanto
como ese honrado llanto
que el alma me ha enternecido.

¡Ay, padre! Quién padeciera
cuantas penas puede haber
para que del padecer
ninguna parte os cupiera!

No pequeñas me han cabido.
Infamado de ladrón
estoy, y mi religión
de su gremio me ha expelido.

Pero aunque tanta venganza
a la envidia doy, no intento,
porque crezca el pensamiento,
que desmaye la esperanza;

que si el cielo solicita
contra mí desdichas tales
y, con un tropel de males,
todos los bienes me quita,

sin ellos mi dicha pruebo,
que, pues por tan varios modos,
Dios me desnuda de todos,
es por vestirme de nuevo.

Yo voy a Roma; allí tengo
al cardenal protector,
y de su ayuda y favor
mi felicidad prevengo.

Entretanto, padre mío,
podréis con Chamoso estar;

que de nadie oso fiar
lo que de su amistad fío.
    Chamoso por mi respeto
mirara, padre, por vos.

Chamoso   Por cualquiera de los dos,
que es muy honrado Pereto.
    Mas ya que a Roma partís,
¿vais a pie?

Sixto   No tengo en qué,
y es fuerza que vaya a pie.

Chamoso   No haréis, pues eso decís;
    que os prestaré un cuartago
que el miércoles os pondrá
dentro en Roma.

Sixto   ¿Quién podrá
pagarlo?

Chamoso   No quiero pago.

Sixto   Dame, mi padre, tu mano.

Pereto   Pague tu obediencia el cielo,
que con verte me consuelo;
mas sin honor todo es vano.

Sixto   Estos trabajos celebran
mi nueva felicidad;
que la virtud y verdad
adelgazan, mas no quiebran.

(Vanse todos. Entra el Papa Pío V, Rodulfo, un Fraile franciscano y otro. Siéntase el Papa.)

El Papa

Ya yo tengo noticia de las partes
de aqueste religioso; que fray Félix
tiene fama y renombre en varias partes.
    También la envidia sé que le hace odioso
con su orden, y estimole por eso,
que siempre es envidiado el virtuoso.
    Si el general por eso le aborrece
y le acusáis vosotros, yo le alabo,
que la virtud más perseguida crece.

Fraile I

Beatísimo padre, en esta carta
que nuestro padre general escribe
a vuestra santidad hay materia harta
    para que eche de ver cuán virtuoso
es fray Félix al mundo, y su justicia
dar ayuda y favor a un sospechoso
    en la fe.

Rodulfo

Si no hubiera más sospecha
en vuestra acusación que en el hábito,
quedara esa malicia satisfecha.

El Papa

Cosas de fe aun en duda es bien vellas,
que aun la fama no más deslustra un hombre.

Rodulfo

¡Ah, envidia! ¡Qué de honores atropellas!

El Papa

Vos la leed, que de un ingenio grande
se puede sospechar cualquier desgracia.

Rodulfo

¡Que a tal maldad la envidia se desmande!

96

Mas aunque más su fuego y rabia atice
la verdad vencerá por flaca que ande
Así la carta, padre santo, dice:

(Lee.)

«El maestro fray Félix Pereto, por católico
celoso de nuestra Santa Fe, y el más docto de
nuestra Religión, merece que vuestra Santidad
le premie en el cargo de Inquisidor de Venecia,
que está ahora vacante, y en confirmación de
esta verdad lo firmamos yo y los infrascritos
por testigos de su abono en esta Universidad
de Fermo y Monasterio Claustral de San Francisco,
a 26 de octubre de 1550. El maestro Abostra,
indigno General de la Orden Claustral de San Francisco.
Fray Ángelo de Monte. Fray Silvestre Espigio.»

(Muy sorprendido.)

Fraile I

Fray Ángelo, decid, ¿yo he firmado
tal cosa?

Fraile II

¿Yo en su abono eché mi firma?

Fraile I

¿El padre general escribió eso?

El Papa

¿Son aquestos los cargos que deponen
de fray Félix, decid? Vuestra vergüenza
os sirva de castigo por ahora.

Rodulfo

No quepo de contento.

Fraile II

¡Oh, envidia necia!

El Papa

Inquisidor le nombro de Venecia.

(Sale Sixto.)

Sixto
Gracias al cielo, que puedo
pisaros, palacios sacros,
y en miércoles, que es mi día,
venturoso fin aguardo.
Pero, ¿estoy en mí? ¿Qué es esto?
Inadvertido me he entrado
hasta la presencia misma
del universal prelado.
Pon, santísimo pastor,
en mi boca ese pie santo,
dos veces por el oficio
y por el dueño sagrado.

El Papa
Levantáos, hijo, ¿quién sois?

Rodulfo
¡Cielos! al colmo llegaron
las venturas de fray Félix.
El que te adora postrado
es el que su orden persigue.

El Papa
A buen tiempo habéis llegado.
Huélgome de conoceros;
indicios he visto claros
de vuestro divino ingenio
en vuestro semblante sabio.
Vuestro general es muerto.

Sixto
¡Válgame el cielo!

El Papa
En vos hallo
partes dignas de ocupar

	fray Félix, tan digno cargo.
	Por vicario general
	en lugar suyo os señalo.
Sixto	Son mis fuerzas...
El Papa	De esto gusto.
Sixto	En tus pies pongo mis labios.
Fraile I	¿Qué dice, padre, de aquesto?
Fraile II	Que hemos muy bien negociado.
	¿Quién le dijo que era muerto
	el general?
Fraile I	Si es un santo,
	Dios, padre, se lo habrá dicho.
El Papa	También, fray Félix, os hago
	inquisidor de Venecia.
Sixto	Tanto bien...
Rodulfo	Gocéis mil años
	el oficio.
Sixto	Todo viene,
	Rodulfo, por vuestra mano.

(A Sixto.)

| Fraile I | Dadnos a besar la vuestra |
| | como a súbditos. |

Sixto	Los brazos os doy, olvidando, padres, vuestra envidia y mis agravios.

(Salen Ascanio y Marcelo, y sacan en una fuente la tiara.)

Marcelo	Gran sucesor de San Pedro, el senado veneciano esta tiara os presenta, porque el estandarte santo de la liga bendigáis con ella.
El Papa	Muestra el Senado de su cristiandad el celo.
Rodulfo	¡Gran joya!
Fraile I	¡Presente raro!
El Papa	Mostrad.

(Vásela a dar y tropieza, y da la tiara en las manos de Sixto.)

Sixto	¡Válgaos Dios! Tened, que la que ha de estar en alto de la cabeza del Papa no es razón que caiga abajo.
El Papa	No hará, fray Félix, que vos la tenéis, y en vuestras manos mi tiara está segura,

Sixto (Aparte.)	(¡Válgame Dios!, ¡qué presagios tan grandes mi pecho inquietan!)
Ascanio	Padre, el cielo os da su amparo, y vuelve por la virtud que os da fama y nombre claro. Ya supimos quién hurtó esta tiara y cuán falso fue nuestro loco juicio. Él queda ya castigado, y a vos perdón os pedimos.
Sixto	Con él os doy estos brazos.
(Aparte.)	(Cielos, dichoso fin tienen mis rigurosos trabajos; los de mi padre volved en gusto.)
El Papa	A bendecir vamos el católico estandarte de la liga. En vuestras manos dio, fray Félix, mi tiara; traedla, que os he cobrado tanta afición que he de haceros mucho favor.
Sixto	Tus pies sacros beso mil veces humilde.
(Aparte.)	(Miércoles, siempre me ha dado en ti el cielo buena suerte.)
Fraile II	¡Gran dicha!

Marcelo   ¡Suceso extraño!

Fin de la segunda jornada

Jornada tercera

(Salen Alejandro y Pereto.)

Alejandro

La mano Césaro ha dado
de esposo a Octavia Colona.
Ya se ilustra su persona,
asegurando el cuidado
    de su padre, que hasta agora
le ha tenido en una torre.
Pues una vejez socorre,
y una pobre labradora
    pierde poco en ser gozada
de un príncipe, no os aflija,
buen viejo, el ver vuestra hija
de esa esperanza burlada;
    que el nieto que el cielo os dio,
como hijo natural
de Césaro, del sayal,
que en vuestra casa heredó,
    pasará a la ilustre seda,
y os honraréis, en efeto,
con un caballero nieto
que a pique de heredar queda
    el estado de Fabriano,
porque Julio, que heredaba
al príncipe, agora acaba
de morir; siendo su hermano,
    Césaro, tan venturoso,
que en el estado sucede.

Pereto

Cuando por príncipe quede
Césaro y de Octavia esposo,
    no quedará muy honrado,

y su nobleza celebra
con las palabras que quiebra
quien su valor ha quebrado.
   Gózense, vivan los dos
en el fruto de su hazaña,
que si una mujer engaña,
no podrá engañar a Dios,
   que es juez y testigo santo
de que es sola su mujer
mi Sabina.

Alejandro   Podrá ser
si porfiáis, padre, tanto,
   que irritando la paciencia
del príncipe mi señor,
efectos de su rigor
os hagan tener paciencia.
   Él es quien aquí me envía
a que de su parte os ruegue,
sin que el interés os ciegue
de vuestra vana porfía,
   que déis a Sabina estado
con algún serrano igual
a su sangre y natural;
que así quedaréis honrado,
   y Césaro, vuelto en sí,
viendo a Sabina casada,
podrá la palabra dada
cumplirá Octavia. Si así
   lo hacéis, para remediaros
mil ducados os ofrece
el príncipe. Si os parece
hoy podéis determinaros.

104

Pereto

Decí al príncipe, señor,
que si supiera el contento
que mi grosero sustento
y estado de labrador
    me causó siempre, y lo poco
en que estimo los blasones,
noblezas y pretensiones
que llama honra el mundo loco,
    yo quedara disculpado
y tuviera su grandeza
más envidia a mi pobreza
que yo a su soberbio estado.
    Que no el tener cofres llenos
la riqueza en pie mantiene;
que no es rico el que más tiene
sino el que ha menester menos.
    Si Sabina me creyera,
ni el príncipe se quejara,
ni nuestro estado sacara
de su humilde y pobre esfera.
    Era mujer, y heredó
de la primera mujer
el ser fácil de creer;
pero pues que la engañó,
    decid, que de qué provecho
darla a otro esposo será,
ni quien deshacer podrá
lo que Dios y el cielo ha hecho.
    Yo no le pienso ofender,
supuesto que sé por cierto,
por su palabra y concierto,
que es Sabina su mujer,
    pues vivirá consolada,
por más que el vulgo la arguya,

con llamarse esposa suya;
aunque no perdiera nada
    vuestro príncipe, por cierto,
en juntar su sangre noble
con nuestra humilde, que al doble
es más sabroso el injerto
    que junta la noble rama
al tronco áspero y grosero,
y Amor, como es jardinero,
más estos injertos ama.
    Pero no importa, decí
que goce a Octavia mil años,
pues agravian sus engaños
la casa Colona así;
    y los ducados que ofrece
no los hemos menester,
que no se usa aquí vender
las honras, ni me parece
    que juzgará el vulgo necio
bien de nuestro honor, si intenta
ponerle al príncipe en venta
y Sabina admite el precio;
    que en la corte es cosa usada,
por más que el vulgo lo note,
el remediar con un dote
una mujer deshonrada.
    Y si esto el mundo publica,
no es bien que esta fama cobre;
pues vale más la honra pobre
que la deshonra más rica.

Alejandro   Pesárame de que os venga
                de aquesa resolución
                algún mal.

Pereto	En mi razón

Pereto

En mi razón
mi inocencia amparo tenga.
No es la justicia cobarde
que me ha de amparar.

Alejandro

Recelo
algún mal, buen viejo. El cielo
os desengañe.

Pereto

Él os guarde.

(Vase Alejandro.)

Pereto

Acuérdome una vez haber oído
una fábula en que ejemplos toco,
notables de un ciprés, que en tiempo poco
hasta el cielo creció desvanecido.
    Burlábase de un junco que, vencido,
su segura humildad juzgaba en poco;
mas con un viento recio el ciprés loco,
quedando el junco en pie, se vio abatido.
    Su humilde estado y pobres ejercicios
estime mi Sabina, aunque haya hecho
burla el ciprés de su honra y hermosura;
    que cuando en los soberbios edificios
abrasa el rayo el más dorado techo,
la más humilde choza está segura.

(Sale Sabina.)

Sabina

Arroyuelos que, entre arenas,
plata en guijas descubrís,
pareciendo que os reís

porque lloro yo mis penas;
márgenes verdes y amenas
que al Sol servís de cortina,
cuando en su agua cristalina
imita a Narciso hermoso,
decidle a mi preso esposo
lo que llora su Sabina.

Montes de crecidos talles
que los cielos asaltáis
y al ambicioso imitáis,
como al humilde los valles;
verdes e intrincadas calles,
por cuya sombra camina
el que ausente peregrina,
cual yo, sin gusto y reposo,
decidle a mi pobre esposo
lo que llora su Sabina.

Pereto   ¡Qué descuidada venís
cantando endechas al prado!
Llorad vuestro honor burlado,
hija, si agravios sentís.

Sabina   Padre mío, ¿qué decís?

Pereto   Que Césaro, en vuestra afrenta,
ajenos brazos intenta,
y a olvidaros se ha dispuesto;
porque quien se cree de presto
presto también se arrepienta.

Césaro a Octavia pretende
por esposa, que es su igual,
y el oro con el sayal
siempre se agravia y se ofende.

Comprar vuestro honor pretende,
para haceros más afrenta,
y cubrir con oro intenta
el hierro de vuestro amor.
Mirad si es joya el honor
digna de ponerse en venta.

Sabina   ¡Ay, de mí!

Pereto   Llorad las penas
de vuestras desgracias sumas,
pues vuestras groseras plumas
dejásteis por las ajenas.
Las del sayal eran buenas.
Quien su natural violenta
bien es que su agravio sienta;
morir llorando os conviene,
porque en poco su honor tiene
a quien no mata una afrenta.

Sabina   ¡Cielos! ¡Césaro casado!
No es posible, engaños son;
que es profeta el corazón,
y no le siento alterado.
Alto, amoroso cuidado,
buscad el modo mejor
como asegure mi honor
con mi esperanza afligida,
que corre riesgo la vida
en el potro del temor.

(Vanse los dos. Sale el príncipe Fabriano, Marco Antonio y Alejandro.)

Fabriano   ¿Eso responde el villano?

Alejandro	En eso se determina.

Esposa llama a Sabina
de Césaro, y que es en vano,
   dice, el que intenta vencer
con interés su firmeza,
que estima en más su pobreza
que tu valor y poder;
   fuera de que ofenderá
a Dios si se determina
casar con otro a Sabina
si con tu hijo lo está.
   esto responde.

Marco   ¡Que así
un rústico vil responda
a un príncipe, y corresponda
al valor que vive en ti!
   Ya no siento tanto el ver
que sea estorbo una villana
para que Octavia, mi hermana,
de Césaro sea mujer,
   mezclándose de esta suerte
la sangre ursina y colona,
como el ver que a tu persona
hable un pastor de esta suerte.
   ¡Vive Dios! Que he de quitar
los estorbos de una vez,
y que su loca vejez
las canas ha de bañar
   en la sangre de su hija.

Fabriano   Indigno es de tal persona
que Marco Antonio Colona

venganza tan vil elija,
que los más viles criados
de mi casa abrasarán
a Montalto y quitarán
los estorbos y cuidados
que nos da esa vil mujer,
con su muerte.

Marco   Con mis manos
he de hacer que estos villanos
no se atrevan a poner
el pensamiento tan alto
que con mi hermana compita.
Hoy verá Italia que imita
a Troya, Castel Montalto.

(Vase Marco Antonio.)

Fabriano   ¡Que sea yo tan desgraciado
que venga a ser mi heredero
de tres hijos el postrero,
tan bajamente inclinado
que darme nietos pretenda
de sangre grosera y tosca!
Antes que Italia conozca
tal afrenta, ni él me ofenda,
un garrote le haré dar
en el castillo, en que preso
le tiene su amor travieso;
porque no me han de heredar
villanos, aunque se quede
mi casa sin sucesión.

Alejandro   Contra esa resolución

nieto tienes que te herede.

Fabriano   Que le amo, te prometo.

Alejandro   Es tu sangre.

Fabriano   Sí lo fuera,
si mezclada no estuviera
con la tosca de Pereto.

(Vanse los dos. Salen Ascanio Colona, Decio y Sixto, de fraile.)

Ascanio   Dícenme que habéis venido,
padre, a Roma a pretender
un capelo, y que habéis sido
ocasión de suspender el papa,
el que le he pedido.
    También Octavia, mi hermana,
se queja que una villana
esposa se osa llamar
de Césaro, y estorbar
lo que en esto Italia gana.
    Y si fuera otra persona
que con Ascanio Colona
compitiera, y no un pastor
sin prendas y sin valor
como vos, de quien pregona
    la fama tanta ambición,
la competencia llevara
mejor; mas vos, ¿es razón
que aspiréis a la tiara,
desde el grosero azadón,
    y que el intento villano
de vuestra hermana la mano

pida a Césaro, y me ofenda,
tan soberbia que pretenda
ser princesa de Fabriano?
   ¿Vos, cuyo padre en Montalto,
con vida tosca y grosera,
de todo vive tan falto,
y ella, que una lavandera
es de Fermo? ¿Vos tan alto,
   que el grado de cardenal
pretendáis desde el sayal,
y ella llamarse princesa?

Sixto   ¡Señor...!

Ascanio   ¡Ambición es ésa
de un rústico natural!
   ¿Vos conmigo competencia,
sabiendo que os hizo el cielo
un villano?

Sixto   Mi paciencia
os obligue...

Ascanio   ¿Vos capelo?

Sixto   Yo no tengo suficiencia,
   méritos, sangre y valor
para que en Roma pretenda
esa dignidad, señor;
ni tampoco es bien me ofenda
vuestro enojo. De un pastor
   nací, pero no es ultraje;
que el más soberbio linaje,
que a mayor nobleza aspira,

si el principio suyo mira
hará que el orgullo abaje.
El río de más corriente,
que hace ilustre su ribera,
amansara su creciente
si el principio considera
que le da una humilde fuente.
La fuente considerad
de vuestro linaje honroso,
y estimaréis mi humildad;
pues sois río caudaloso,
porque os veis en la mitad
de vuestro curso opulento;
que si yo conforme intento
no os igualo y menos soy
con ser río, es porque estoy
cerca de mi nacimiento.
Yo no vengo a pretender,
Ascanio, el ser cardenal,
aunque lo pudiera ser;
soy vicario general
de mi orden, y por ver
la envidia, enojo y pasión
que tiene mi religión
y los poderosos de ella,
por verme cabeza en ella,
su injusta persecución
me fuerza a que el papa
pida que del oficio me absuelva,
y con otro estado y vida,
o a mis principios me vuelva,
o del orden me despida.
Estos favores prevengo
y a esto solo a Roma vengo.

Ved qué modo de intentar
cargo, si vengo a dejar,
Ascanio, el cargo que tengo.
   Si Césaro tuvo amor
a mi hermana, y ella ha sido
tan dichosa, que al valor
de su nobleza ha subido,
con ser hija de un pastor,
   ¿por qué culpáis su ventura,
pues que la naturaleza
con mil ejemplos procura
igualar a la nobleza
muchas veces la hermosura?
   Veis como no estoy culpado
y con la poca razón,
Ascanio, que estáis airado.

Ascanio   Estoy en esta ocasión
en el palacio sagrado,
   villano, que si no...

Sixto   Paso,
mirad que su santidad
sale.

Ascanio   De enojo me abraso.

Sixto (Aparte.)   (¡Ay, pobreza y humildad,
lo que por vosotras paso!)

(Sale el Papa, Pío V y dos frailes franciscanos, siéntase el Papa.)

Fraile I   De parte de la orden, padre santo,
a vuestra beatitud pido y suplico

a fray Félix absuelva del oficio,
si no quiere que todos nos perdamos.

El Papa

¿Pues qué tiene fray Félix?

Fraile I

                    Es de modo
la gran severidad con que castiga
las más mínimas faltas de nuestra orden,
que es imposible se conserve y medre
mientras el lego reine. La clemencia tiene
en pie las repúblicas y reinos;
y el castigo y rigor demasiado
destruye las provincias y ciudades.
Fuera de que los frailes principales
que la orden claustral de San Francisco
honran con sangre ilustre y generosa,
sienten, y con razón, que los gobierne
un pastor de las grutas de Montalto.

El Papa

¿Luego en la religión y su pobreza
también miran en sangre y en nobleza?

Sixto

Santísimo pastor, si un desdichado
merece, porque el cielo y la Fortuna
le hizo hijo de unas peñas toscas,
que todos le persigan, yo me precio
de hijo de Pereto, un pastor pobre
que en Montalto dejó el arado rústico
por herencia a sus hijos; y esto solo
quiero ser, y no más, pues soy indigno
del hábito que traigo y del oficio
que vuestra santidad con él me ha dado.
A vuestra beatitud pido y suplico
me absuelva de él y volveré contento

a mi sencillo y pobre nacimiento.

El Papa
Más luce, hijo, la virtud de un hombre
cuanto de más humilde y pobre sangre
se ensalza más. Yo y todo en mis principios
nací de un pobre labrador, y aun anduve
de puerta en puerta mendigando el tiempo
que estuve en mis estudios ocupado.
Parientes tengo yo cual vos, fray Félix,
pobres y en traje de sayal grosero;
que si se precia de su sangre el necio,
más noble es la virtud de que me precio.
Si el orden vuestro juzga por agravio
que le rijáis, por eso yo os absuelvo
del oficio que en ella habéis tenido.
Y pues que Fermo os vio vendiendo leña
y registeis ovejas en Montalto,
en castigo, fray Félix, de sus quejas,
pastor de Fermo os hago y sus ovejas.
Obispo sois de Fermo.

Sixto
                                        Padre santo,
¿cuando me abaten me ensalzáis vos tanto?

El Papa
Así doy gusto a todo el orden vuestro,
y os premio a vos. A Ascanio quiero darle
el capelo que tanto ha que pretende.
El de Santa Sabina le prometo.

Ascanio
Tus santísimos pies beso y respeto.

El Papa
Luego quiero, fray Félix, consagraros
públicamente, porque toda Roma
mire el premio que tienen en la iglesia

la virtud y las letras. Un capelo
os doy también.

Sixto   Tu nombre ensalce el cielo.
(Aparte.)   (Ánimo, inclinación dichosa y alta;
                         subí, que un escalón no más os falta.)

El Papa   Cardenal os creeré en el mismo día
                         que os consagre.

Sixto   Creció la dicha mía;
                         y pues con tal largueza me ha ilustrado
                         el cielo y vuestra santidad, quisiera
                         enviar por mi padre y mis hermanas,
                         y el mismo día que me vea Roma
                         hecho de vil pastor, pastor de ovejas
                         de la iglesia católica, ese día
                         quiero que entre mi padre venerable
                         triunfando en Roma, no como sus Césares,
                         sino vestido de sayal grosero
                         en que nació, porque la envidia sepa
                         que cuando, a su pesar, estoy más alto,
                         de la humildad me precio de Montalto.

El Papa   Yo haré que con vos salga toda Roma.

Ascanio   Yo también acompañaros quiero.

Sixto   ¿Veis, Ascanio, del modo que los cielos
                         saben hacer de humildes labradores
                         dignidades, prelados y pastores?
                         Porque nací en Montalto me abatisteis;
                         pues desde aquí, mudando el propio nombre
                         de Félix, para dar gloria a mi patria

y a sus groseras peñas, determino
llamarme el cardenal Montalto.

El Papa   Alto;
seréis desde hoy el cardenal Montalto.

Ascanio   Perdonad mi pasado atrevimiento;
que en muestras de que estoy arrepentido
daré de este suceso aviso al príncipe,
que se tendrá mil veces por dichoso
de que Césaro case con Sabina,
pues se honrará el estado de Fabriano,
siendo de Roma cardenal su hermano.

Fraile I   Y yo también de las persecuciones
que por mi causa os hizo el orden nuestro,
monseñor ilustrísimo, suplico
me perdonéis.

Sixto   Alzad, padre, del suelo,
que si fray Félix tuvo de vos queja,
ya yo soy cardenal, y no fray Félix,
y no es razón cuando me veis tan alto
que a Félix vengue el cardenal Montalto.

Ascanio   ¡Qué prudente respuesta!

El Papa   Venid, hijo,
que en vos miro presagios venturosos.

Decio   ¿Qué le parece, padre?

Fraile I   Encantamento.

Ascanio	De perseguirle vos nació su dicha.
Fraile II	Mil veces perseguido venturoso, que tan seguro del peligro escapa.
Decio (Aparte.)	(Persígale otra vez, y harále papa.)

(Vanse todos. Salen los músicos de pastores, y Sabina de pastor con caña, hurón y cuerdas.)

Sabina	Mintió la sospecha loca; mi amor salió victorioso; aquí está mi preso esposo, a quien en vano provoca su padre, por más que agravia su firme constancia y fe, para que en mi ausencia de la mano de esposo a Octavia. No pudo su engaño hacer mella en mi constante amor, aunque celos y temor son fáciles de creer, y a pesar de sus consejos he venido de esta traza a librar mi esposo.
Pastor I	¿A caza anda tu amor de vencejos? Misterio tien la invención.
Pastor II	Lugares hay infinitos donde cazan motolitos las mujeres con hurón; quiero decir con los viejos

o escuderos atrevidos,
registradores de nidos,
donde viven los vencejos;
   pues son hurones, en suma,
que cazan para sus dueños
a los vencejos pequeños
hasta dejarlos sin pluma.

Sabina
   Pastores dejemos eso
y comenzad a cantar
para que os salga a escuchar
desde la reja mi preso.

Pastor I
   ¡Oh, qué canción de repente
hice al propósito aver!

Sabina
Luego, ¿sabes componer?

Pastor II
   Sátiras al maldiciente.

(Cantan.)

Música
   «Que llamaba la tórtola, madre,
al cautivo pájaro suyo,
con el pico, las alas, las plumas,
Y con arrullos, y con arrullos.»

Uno
   «Pajarico preso,
que entre yerros duros,
temores y ausencias
te tienen confuso,
mal podrá el rigor
de tu padre injusto
desatar las almas

si es de amor el ñudo;
sal, pájaro amado,
a gozar seguro,
a pesar de estorbos,
mi amoroso fruto.»

Todos   «Así llama la tórtola madre
al cautivo pájaro suyo
con el pico, las alas, las plumas,
y con arrullos, y con arrullos.»

(Asómase Césaro a una reja como preso.)

Césaro   Pintadas aves que al pulir la aurora
con peines de oro sus compuestas hebras,
al son de arroyos, arpas de estas quiebras,
lisonjeáis cada mañana a Flora.
    Aura suave que con voz sonora,
murmurando las aves te requiebras,
y las obsequias fúnebres celebras
de Pocris muerta, que tras celos llora.
    Los pastores imitan la armonía
con que resucitando la memoria
de mi Sabina vivo entretenido.
    Cantad, amigos, la firmeza mía;
que es la música imagen de la gloria,
y mientras dura mi tormento olvido.

Sabina   Ya está mi esposo a las rejas.
Cantad, pastores, cantadle
otra carición, y llenadle
de música las orejas.

Música   «Preso estaba el pájaro solo

122

en las redes del cazador,
pero más le prenden y matan
memorias de su lindo amor.»

Uno   «Si de tu firmeza
las cadenas son,
testigos seguros son,
que amor presentó,
canten tu alabanza
nuestra alegre voz;
bien haya quien hizo
cadenas de amor,
y tú, pájaro mío,
canta en tu prisión,
pues que preso y triste
carita el ruiseñor.»

Todos   «Preso estaba el pájaro solo
en las redes del cazador,
pero más le prenden y matan
memorias de su lindo amor.»

Sabina   ¡Ah de las rejas el preso!
¿Sabéis acaso quién soy,
yo, que pretendo cantando,
aliviar vuestro dolor?
¿Mas qué no me conocéis?

Césaro   Polido y bello pastor,
lo que los ojos afirman
negando está el corazón.
Regocijos hace el alma
de los ecos de esa voz,
que en el disfraz de Esaú

conocer quiero a Jacob.
¿Quién sois, hermoso zagal?

Sabina

¡Qué presto que ejecutó
sus efectos el olvido,
descuidado preso, en vos!
Cantad para que despierte,
que si ausencia le adurmió,
dándole voces mis quejas
le hará despertar mi amor.

(Cantan.)

Música

«Preso estaba el pájaro solo
en las redes del cazador,
pero más le prenden y matan
memorias de su lindo amor.»

Césaro

¡Ay, esposa de mis ojos!
La tiniebla y confusión
de mis pesares y penas
me impidió la luz del Sol.
De no haberos conocido,
corrido, mi bien, estoy;
yo castigaré mis ojos,
Sabina hermosa, este error,
¿cómo habéis, mi bien, estado?

Sabina

Como el verano sin flor,
como el otoño sin fruto,
y estado como sin vos,
que es decirlo de una vez.
Vueso padre pretendió,
con engaños y mentiras

sembrar celos en mi amor,
pero segura del vueso,
en forma de cazador,
vengo a daros libertad.
Tomad las cuerdas que os doy,
y, a pesar de estorbos viles,
asegurad el temor
de mis sospechas y ausencia.

(Dale con la caña los cordeles.)

Césaro
Celebren tu firme amor
cuantas mujeres la fama
con pinceles retrató
de la eternidad en lienzos
del tiempo consumidor.
¡Ay, esposa de mi vida!

Sabina
¡Ay, mi bien!

Pastor II
¡Bueno, por Dios,
que se están chicoleando
como jilgueros los dos!

Fabriano (Dentro.)
Preso y con guardas dobladas
ha de quedar mientras voy
a Roma.

Césaro
Mi padre es éste.

Sabina
Pues entraos.

Césaro
Adiós.

(Vase Césaro.)

Sabina   Adiós.

Pastor II   No hay son, fingir que cazamos
                           vencejos.

Sabina   Daca el hurón;
                           pon las cuerdas y la caña.

Pastor II   No está mala la invención.

(Pónense a cazar. Salen el príncipe Fabriano y Alejandro.)

Fabriano   De vos, Alejandro, fío
                           su guarda en aquesta ausencia.

Alejandro   Ya sabe vuestra excelencia
                           mi lealtad.

Fabriano   El papa Pío
                           a Roma me envía a llamar,
                           y este camino excusara
                           si en mi lugar no os dejara.
                           Las guardas podéis doblar,
                              sin dejar llegar persona
                           que con él hable, que así
                           le forzaré que dé el si
                           de esposo a Octavia Colona,
                              o morir en la prisión;
                           que la villana atrevida
                           ya debe de estar sin vida,
                           si puso en ejecución
                              Marco Antonio su noble ira.

Alejandro	En esta ocasión es cuerda.
Pastor I	Dale cuerda.
Pastor II	Dale cuerda.
Sabina	Ya chilla el vencejo.
Pastor I	Tira.
Fabriano	Alejandro, ¿qué serranos son éstos?
Alejandro	Pastores son que cazan con un hurón pájaros.
Fabriano	Si son villanos, y sabes lo que me ofenden, ¿por qué aquí los consentís? Échalos luego.

(A los pastores.)

Alejandro	¡Hola! ¿Oís?
Sabina	Verá lo que se defienden.
Fabriano	¡Ah, villanos! ¿estáis sordos?
Sabina	¡Arre allá! ¿Qué diablos dais voces, que mos espantáis los vencejos y los tordos?

Alejandro	Rústicos ¿no veis que está el príncipe Fabriano aquí?
Sabina	¡Válgame el alano de San Roque!
Pastor II	Verá.
Sabina	Pues bien, ¿hemos de comer el príncipe, cuando aquí mos halle?
Fabriano	¿Qué hacéis así?

Sabina	Oiga, y podrálo saber.
	  Tienen aquí los vencejos
	nidos en los muros fijos,
	sin osar sacar los hijos,
	porque los guardan los viejos.
	  Yo, deseando cazar
	uno que en esta ocasión
	guardando está el vencejón
	del padre, que pernear
	  le vea yo —¡pregue al Señor!—
	porque así su enojo pierda,
	vine con hurón y cuerda,
	y cuando más a sabor
	  se asomaba a la muralla
	salió su padre al encuentro,
	metióse el vencejo dentro
	y dejónos de la galla.

(Llora.)

Alejandro   ¡Buen llanto!

Fabriano   ¿Que el padre viejo
                     el vencejo os ha quitado?

Sabina   Sí, señor; desvencejado
                     le vea yo. De esto me quejo.

Fabriano   Gracias tiene. Aunque a esta gente
                     aborrezco, este pastor
                     me ha dado gusto.

Alejandro   Es, señor,
                     donoso como inocente.

Sabina   Vení acá. Y os quiero her
                     una pescuda, buen viejo.
                     Si quiere bien un vencejo,
                     y recibe por mujer
                       a una venceja que ha sido
                     quien le enamora y quillotra,
                     ¿es bien casarle con otra,
                     porque nació en mejor nido,
                       porque en alcázares vive,
                     y estotra entre peñas pobres,
                     de los castaños y robres
                     grosero manjar recibe;
                       porque tién plumas mejores
                     y porque son más valientes
                     los vencejos sus parientes
                     y cuentan que sus mayores
                       trujeron de rey más lejos

129

su principio no es buen pago?
Juzgaldo vos, que yo os hago
alcalde de los vencejos.

Fabriano   Gusto me da el pastorcillo,

Sabina   Ea, la vara arrimad,
o este pleito sentenciad,
que me importa concluillo.

Fabriano   Digo, donoso pastor,
que como el vencejo quiera
a la venceja primera
es bien pagarle su amor,
    por más que el padre lo impida,
y sentencio que la amada
le goce y que desterrada
la venceja aborrecida,
    aunque alegue más consejos,
luego al momento se vaya,
porque yo no sé que haya
nobleza entre los vencejos.

Sabina   Esta vez os he cogido;
contra vos es el proceso.
¿Por qué ha de estar por vos preso,
viejo honrado y afligido,
    vueso vencejo, decí,
si él a una venceja adora,
que en la sierra le enamora,
y no puede dar el sí
    a la venceja que tiene
su nido allá entre los godos?
Pues que son vencejos todos,

Y estos dos se quieren bien,
  casadlos, que las altivas
noblezas son espantajos,
y todos, altos y bajos,
nacimos de Adán y Adivas.

Fabriano   Idos con la maldición.

Sabina   Vos el pleito sentenciastes;
si vos mismo os condenastes
un asno sois con perdón.

Fabriano   Echa, Alejandro, de aquí
estos bárbaros, o haré
una bajeza.

Sabina   ¡A la hé,
vos sois buen juez, pues así
  heis justicia!

Alejandro   Este lugar
desocupad.

Pastor I   Con paciencia.

Sabina   Acójome a la sentencia.
Ella os ha de condenar.

Fabriano   Echalde de aquí, o matalde.

Sabina   ¿Por la primera venceja
sentencias, y tenéis queja.
Muy bobo sois para alcalde.
  Dios vuelva por la verdad.

Pues lo mandáis, casaránse.

Alejandro   Idos, villanos.

Sabina   Iránse,
que no son bestias. Cantad.

(Vanse cantando.)

Fabriano   Mucha prudencia he tenido,
pues muerte no les he dado.

Alejandro   Aunque el villanejo ha estado
malicioso, hubiera sido
   indigno de vueselencia
manchar en él el acero.

Fabriano   Partirme esta noche quiero
a Roma. Vuestra presencia
   no falte nunca de aquí,
ni deje llegar villano
una legua de Fabriano,
porque sospecho que así
   le vienen a dar aviso
de Montalto.

Alejandro   Podrá ser.

Fabriano   Mal hice no los prender;
que afligirme el cielo quiso
   con darme un hijo travieso.

Alejandro   La mocedad nunca es sabia.

Fabriano	Ha de ser su esposa Octavia, o tiene de morir preso.

(Vanse todos. Sale Camila con un lío de ropa blanca y un mazo, y Marco Antonio.)

Marco	Por Dios, lavandera hermosa, que desde el punto que os vi coger vuestra ropa así está el alma recelosa y de vuestro amor perdida; porque obligáis de manera que os abate, la bandera. Lavandera de mi vida, escuchadme una razón.
Camila	Andad con Dios, caballero.
Marco	Lavadme el alma primero.
Camila	¿Que os la lave escamizón?
Marco	Sí, vestíosla por camisa, y veréis que no hay holanda que esté más tratable y blanda.
Camila	¿Alma de holanda? ¡Oh, qué risa!
Marco	Dado os tengo el corazón.
Camila	¿A jabonar?
Marco	Sí, eso os ruego.

Camila	¿Qué tiene?
Marco	Como Amor es fuego, le ha puesto como el carbón.
Camila	¿Como el carbón? Pues a un lado, que estoy limpia, y si me topa, ensuciaráme la ropa vueso corazón tiznado.
Marco	¡Qué gracia!
Camila	No llegue al brazo, y sepa que en mi lugar nadie sabe jabonar, si no es con jabón de mazo. Por eso no haga cosquillas si no quiere en conclusión llevar, señor, un jabón que le quiebre las costillas.
Marco	Para aliviar los enojos del alma, darla podéis los ojos, que es bien los deis, pues tenéis tan bellos ojos, y la podréis jabonar. Vuestra es, tomadla.
Camila	La astucia; no quiero yo alma tan sucia, que se ha menester lavar.
Marco	Yo estoy ya tan rematado, mi graciosa lavandera,

que ser el jabón quisiera
según los celos me ha dado
   de que ande cada instante
en vuestras manos, que en suma
son más blandas que su espuma.

Camila   Sí haréis, que acá todo amante
   es jabón que a los despojos
de tiranas hermosuras
derrama en jabonaduras
el corazón por los ojos
   aunque vos sois palaciego,
y no habrá tomaros tino,
que todos pregonáis vino
y vendéis vinagre luego.
   ¡En la boba que creyere
en vuestras bachillerías;
sabéis muchas romerías
y olvidáis a quien os quiere!

Marco   Cuando es perfecto el amor
y bien nacido el amante,
ni burla ni es inconstante.

Camila   El noble engaña mejor.
   Yo conozco una serrana
a quien burló un escolar
con parlar y más parlar.

Marco   ¿Quién es?

Camila   Sabina, mi hermana.

Marco   ¿Sois vos hija de Pereto.

(Hace reverencia.)

Camila   Para lo que le cumpliere.

Marco   Errará quien no tuviere
a Césaro por discreto
  en despreciar por Sabina
a mi hermana, que, por Dios,
si es tan bella como vos,
que es cuerdo quien desatina
  por tan dichoso sayal.

Camila   Soy yo un coco comparada
con mi hermana.

Marco   ¡Qué extremada
belleza! ¡Qué al natural!
  Yo vine determinado
de castigar a Pereto
y a Sabina, que en efeto
me tuve por agraviado
  de que Césaro dejase
mi hermana Octavia por ella;
pero el Amor, que atropella
soberbias, quiso que hallase
  en vos el justo castigo,
pues a vuestro amor sujeto,
a las hijas de Pereto
y aquestas sierras bendigo.
  Bien hayan, amén, los robles,
los peñascos y asperezas
que crían tales bellezas,
pues por fuerza han de ser nobles

	almas que viven y habitan
	en cuerpos que son tan bellos,
	y bien hayan los que en ellos
	su libertad depositan.
	¡Ay, serrana; muerto estoy!
Camila	Pues ¿vos por acá pensáis
	que hilamos? ¡Bien quillotráis!
	Algún diabro os trajo hoy
	por aquí.
Marco	¿Quiéresme bien?
Camila	¿Qué sé yo?
Marco	Pues, ¿quién lo sabe?
Camila	El cura. Apártese, acabe.
(Aparte.)	(¡Qué buena cara que tién!)
Marco	Dame esa mano.
Camila (Aparte.)	(Recelo
	que en el alma se me entró.)
Marco	Dame aquesos brazos.
Camila	¿Yo?
Marco	¿Pues qué?
Camila	¿Tan presto, es buñuelo?

(Salen Césaro de galán, y los pastores músicos y Sabina, de pastor.)

Césaro	Apenas de allí os partisteis
	cuando mi padre se fue;
	luego escalas tracé
	de las cuerdas que me disteis
	que atadas a las almenas
	a las guardas engañaron
	y a pesar suyo, quedaron
	colgadas de ellas mis penas.
	Seguíos, y como amor
	vuela ligero, alcancéos.
Sabina	¡Ay, esposo! Mis deseos
	cumplió el cielo. Ya el rigor
	que en mí vuestro padre emplea.
	mi miedo y temor divierte,
	que no temeré la muerte
	como a vuestros ojos sea.
Césaro	Contra su enojo cruel
	pienso llevarte a Milán;
	que allí mis deseos podrán
	tener fin viviendo en él,
	hasta que el paterno amor
	venciéndole te reciba
	por hija y mi esposa.
Pastor	¡Viva
	tal firmeza y tal amor!
Sabina	¡Camila!
Camila	¡Sabina mía!

Marco	¡Césaro aquí!
Césaro	¡Marco Antonio en tal lugar!

Marco	Testimonio
	de amor y su monarquía.
	  Abrasar vine a Montalto
	y a dar muerte a la serrana
	que os enamora, y su hermana
	dio en mi libertad asalto,
	  pues cuando su hacienda y casa
	quise abrasar, con sus ojos
	el alma, cuyos despojos
	la adoran, rinde y abrasa.
	  Será, Césaro, mi esposa;
	que vuestra justa elección
	me llama a su inclinación.

Camila	Yo me tendré por dichosa.
Sabina	Y yo con tan buen cuñado mil gracias al cielo doy.
Césaro	¡Qué de dichas juntas hoy Amor y el cielo me han dado!
Camila	Es miércoles, y bastaba serlo para mi ventura.
Sabina	¡A buen tiempo y coyuntura te casas!
Camila	Pues, ¿qué pensaba?

¿Todo ha de ser para ella?
¿No somos acá personas?

Marco   Los Ursinos y Colonas
por vos, mi Camila bella,
 y por vos, Sabina hermosa,
establecerán desde hoy
eternas paces.

Camila   ¡Que estoy
maridada! ¡Linda cosa!

Pastor II   Aun sin aguardar al cura
los cuatro se han desposado.

Pastor I   No hay cura ni licenciado
mejor que la coyuntura.

Camila   Demos a mi padre aviso
de su dicha y mis amores.

Pereto (Dentro.)   Pedidme albricias, pastores.
¡Viva Montalto! Pues quiso
 poner mi nombre tan alto
de un principio tan humilde,
al cielo albricias pedilde.

(Salen Pereto, Crenudo, Chamoso, y Fabio.)

Césaro   ¿Qué es esto?

Todos   ¡Viva Montalto!

Pereto   No sé cómo el contento de estas nuevas

no me ha muerto, que ya mis flacas canas
no son para tan grande sobresalto.
Hijas, fray Félix, cardenal de Roma;
cardenal de Roma es vuestro hermano.

Césaro   ¡Válgame Dios!

Sabina   ¡Ay cielos qué ventura!

Chamoso   ¿Ya es cardenal? Pues presto será cura.

Césaro   Dadme, dichoso padre, aquesos brazos.

Marco   Y a mí me conceded por hijo vuestro.

Sabina   Éste es mi esposo, padre mío, que preso
                ha estado por mi amor. Todo fue engaño,
                engaño todo fue lo que os dijeron
                de Octavia; por burlarnos lo hicieron
                e huir de la prisión.

Pereto   Estoy sin seso

Sabina   Libre está ya y en mis amores preso.

Pereto   Dadme, señor, los pies.

Césaro   No, padre mío,
                los brazos sí, con nudo estrecho y tierno.

Camila   ¡Hola, padre! Catad acá otro yerno;
                abrazadle también, que no ha nacido
                en las malvas.

Césaro	También es hijo vuestro
	Marco Antonio, la nobleza que es de Italia
	y aun del mundo. Enamoróse
	de la belleza de Camila, y quiere
	que por esposa se la deis.
Pereto	O sueño,
	o estoy loco. ¿Hay más bien, cielos piadosos?
Camila	Supimos escoger buenos esposos,
	para no tener dote. La nobleza
	virtud quiere por dote con belleza.
Pereto	Vamos a Roma luego, y eche el sello
	mi buena suerte con hallar mi hijo
	honrado de la púrpura romana;
	que, pues tan nobles sucesores dejo,
	la muerte pido con el santo viejo.

(Sale Fabricio.)

Fabricio	Yo vengo, dichosísimo Pereto,
	a llevaros a Roma con Sabina
	y Camila. Aquí traigo tres carrozas.
Chamoso	¿Qué son carrozas, ao?
Fabricio	Unas doncellas
	que se llaman carrozas en Italia.
Chamoso	Casarme quiero, pues, con una de ellas;
	mostradme esas carrozas o doncellas.
Fabricio	Césaro, vuestro padre Ursino gusta

que seáis de Sabina amado esposo;
que luego que en llegando a Roma supo
que era de Monseñor Montalto hermana,
a dicha tiene ser pariente suyo,
porque sospechan que ha de ser monarca
de Roma y gobernar su sacra barca.

Sabina   Agora fenecieron mis recelos.

Césaro   ¡Que tan dichoso soy, benignos cielos!

Fabricio   Vamos, que monseñor está aguardando
con toda la romana y sacra curia,
que quiere el papa que a su honrado padre
reciba en triunfo.

Pereto   Vamos, nobles hijos,
que mi vejez de nuevo se remoza.

Todos   ¡Coches, coches!

Chamoso   ¿Dó está doña Carroza?

(Vanse todos. Salen Juliano y Ricardo.)

Juliano   Esto es lo que en Roma pasa.
Todo el popular aplauso
la ventura de fray Félix
celebra y estima en tanto,
que habiendo la santidad
de Pío V consagrado
al cardenal por obispo
de Fermo, hoy miércoles cuatro
de Agosto, a los senadores

y caballeros romanos
mandó que a recibir salgan
a su padre, cuyos años
han merecido llegar
a ver de pobre serrano
cardenal de Roma un hijo
de las peñas de Montalto.

Ricardo
Su prudencia lo merece;
porque no es soberbio sabio,
ni pobre presuntuoso.

Juliano
Decís la verdad, Ricardo.

Ricardo
Oíd, que según las voces
del vulgo y pueblo voltario
entran ya.

Juliano
¡Notable día!

Ricardo
¡Oh, venturosos serranos!

(Por una puerta salga el príncipe Fabriano Colona, el Embajador de España, Ascanio, de cardenal, Sixto, de cardenal también. Y por otra, al mismo tiempo, salgan Marco Antonio, Césaro, Fabio, Sabina, Camila y Chamoso. Y arriba se descubre un corredor donde está el Papa Pío V. Y en un caballo que lleve del diestro un lacayo, entre Pereto, de pastor; toque la Música; y en llegando, Sixto le tiene el estribo a su padre para que se apee.)

Sixto
Yo, padre, os tendré el estribo.

Pereto
Hijo, aguarda que ya abajo.
¿Un cardenal ha de hacer
tal cosa?

Sixto   Si por honraros
                   me honra el cielo de este modo,
                   no es mucho, mi padre caro,
                   que teniéndoos el estribo
                   estribe en él mi descanso.
(De rodillas.)   Aquesa mano me dad.

Pereto   Levanta y toma los brazos,
                   que no es justo que a mis pies
                   esté un cardenal postrado.

Sixto   Si como soy cardenal
                   gozara del trono sacro
                   de san Pedro, ya os he dicho
                   que os besara arrodillado
                   esta venerable diestra.
                   Sepan los que me llamaron
                   villano, lo que me precio
                   de este sayal tosco y basto.
                   Montalto ha sido mi patria,
                   que aunque pobre, el nombre es alto,
                   un monte serán mis armas
                   y mi apellido Montalto.
                   Montalto han de llamarse
                   mis parientes, comenzando
                   mi linaje en mí, que espero
                   que mi dicha ha de encumbrarlo.
                   Llegad, padre, y desde aquí
                   adoraréis el pie sacro
                   de su beatitud.

Pereto   ¿Qué aguardan
                   mis regocijados años?

(De rodillas.)	Santísimo padre Pío,
	cuya piedad ha mostrado
	lo que la humildad estimas,
	los humildes ensalzando,
	tus pies beatisimos beso.
El Papa	Venerable viejo, alzáos,
	que os debe Italia infinito
	por el hijo que habéis dado
	a la militante iglesia,
	de cuya prudencia aguardo
	célebres y heroicos hechos.
	Su aumento tomo a mi cargo,
	y para que ponga casa
	le doy siete mil ducados
	de renta.
Fabriano	Y yo le señalo
	otros cinco mil de renta.
Embajador	Y yo y todo también en nombre
	del rey católico y sabio,
	el gran monarca Filipo
	el segundo, le señalo
	otros cinco mil de renta.
Sixto	Cielos, no merezco tanto.
Sabina	Hermano, ¿no nos habláis?
Sixto	Con el alma y con los brazos,
	por hermana y compañera
	de mi estudio y mis trabajos.
	Césaro es ya vuestro esposo,

que el príncipe de Fabriano
lo quiere así.

Fabriano   Con tal dicha,
infinito es lo que gano.

Césaro   Pues Marco Antonio Colona
la mano a Camila ha dado,
también con vuestra licencia.

Sixto   Hónrome con tal cuñado.
Tráiganme, Sabina mía,
a vuestro hijo Alejandro
a Roma, porque se críe
en ella, y tenga Montalto
por apellido.

Fabriano   Sea así;
y críese en vuestro palacio,
ilustrísimo señor,
vuestra virtud imitando.

Chamoso   ¿No os acordáis de Chamoso
que vos dio un día su cuartago
con que venistes a Roma
más presto que por encanto?
Pues yo bien me acuerdo de él.
O pagalde, o dadnos algo,
o, pues ya sois cardenal,
hacedine chichón.

Sixto   El pago
que os doy por tan buen socorro,
son de renta cien ducados

                           para vos y vuestros hijos.

Chamoso   Saldrá el vientre de mal año.
                           Yo sé que habéis de ser papa,
                           que cuando érades mochacho
                           de teta, todos los días
                           decíades: «teta, papa».

El Papa   Vamos,
                           que quiero que Roma vea
                           lo que han alcanzado
                           las letras de un pastor pobre.

Sixto   Los que a sus padres honraron,
                           premia el cielo de esta suerte.

Césaro   Si los sucesos extraños
                           quiere saber el curioso
                           de Sixto V, en cuatro años
                           que gozó de la tiara
                           y sumo pontificado,
                           a la segunda comedia
                           le convido, que son tantos,
                           que no pueden reducirse
                           a tan corto y breve espacio.

                           Fin de la comedia

Libros a la carta

A la carta es un servicio especializado para
empresas,
librerías,
bibliotecas,
editoriales
y centros de enseñanza;
y permite confeccionar libros que, por su formato y concepción, sirven a los propósitos más específicos de estas instituciones.

Las empresas nos encargan ediciones personalizadas para marketing editorial o para regalos institucionales. Y los interesados solicitan, a título personal, ediciones antiguas, o no disponibles en el mercado; y las acompañan con notas y comentarios críticos.

Las ediciones tienen como apoyo un libro de estilo con todo tipo de referencias sobre los criterios de tratamiento tipográfico aplicados a nuestros libros que puede ser consultado en Linkgua-ediciones.com.

Linkgua edita por encargo diferentes versiones de una misma obra con distintos tratamientos ortotipográficos (actualizaciones de carácter divulgativo de un clásico, o versiones estrictamente fieles a la edición original de referencia).

Este servicio de ediciones a la carta le permitirá, si usted se dedica a la enseñanza, tener una forma de hacer pública su interpretación de un texto y, sobre una versión digitalizada «base», usted podrá introducir interpretaciones del texto fuente. Es un tópico que los profesores denuncien en clase los desmanes de una edición, o vayan comentando errores de interpretación de un texto y esta es una solución útil a esa necesidad del mundo académico.

Asimismo publicamos de manera sistemática, en un mismo catálogo, tesis doctorales y actas de congresos académicos, que son distribuidas a través de nuestra Web.

El servicio de «libros a la carta» funciona de dos formas.

1. Tenemos un fondo de libros digitalizados que usted puede personalizar en tiradas de al menos cinco ejemplares. Estas personalizaciones pueden ser de todo tipo: añadir notas de clase para uso de un grupo de estudiantes, introducir logos corporativos para uso con fines de marketing empresarial, etc. etc.

2. Buscamos libros descatalogados de otras editoriales y los reeditamos en tiradas cortas a petición de un cliente.